Jürgen Gratzke, Harriet Hofmann

Herausgeber: Jürgen Gratzke

D1997265

MEMO

Kaufmann/Kauffrau für Büromanagement

1. Ausbildungsjahr

Arbeitsheft

2. Auflage

Bestellnummer 3599

Winklers
westermann

Druck: westermann druck GmbH, Braunschweig

service@winklers.de
www.winklers.de

Bildungshaus Schulbuchverlage Westermann Schroedel Diesterweg Schöningh Winklers GmbH, Postfach 3320, 38023 Braunschweig

ISBN 978-3-8045 -**3599**-2

westermann GRUPPE

Vorwort

Dieses Arbeitsheft soll die Arbeit mit Band 1 von Memo – Kaufmann/Kauffrau für Büromanagement erleichtern, indem für ausgewählte Aufgaben aus dem Buch Schülervorlagen, Belege und Übersichten bereitgestellt werden und zusätzliche Aufgaben und Zwischentests Möglichkeiten zur Selbstbewertung des Kompetenzzuwachses geben.

Für Tipps und Hinweise zu neuen Aufgaben sind die Autoren dankbar.

Bildquellenverzeichnis

Colourbox.com, Odense: S. 73 (AltoPress/Maxppp)
Deutsche Gesetzliche Unfallversicherung e. V. (DGUV), Berlin-Mitte: S. 99
Deutsche Post AG, DHL, Bonn: S. 86, 87
dreamstime.com, Brentwood: S. 93
Fotolia Deutschland GmbH, Berlin: S. 94 .1 (Vankad), 94.4 (Christopher Pahl)
FSC Deutschland, Freiburg: S. 41, 42
Hamelin GmbH, Gronau: S. 94.2
Haufe-Lexware GmbH & Co. KG, Freiburg: S. 110-115, 150
ZIPPEL AG, Altdorf: S. 94.3

Die eigene Rolle im Betrieb mitgestalten und den Betrieb präsentieren

Lernfeld 1

1 Wir präsentieren den Ausbildungsbetrieb 7
1.2 Einführung in die Berufsausbildung 8
1.2.1 Start in den Berufsschulunterricht 8
1.2.2 Kompetenzen für lebenslanges Lernen und Lernkontrollen 9
1.3 Das Modellunternehmen Palm KG kennenlernen 12
1.3.2 Die Palm KG genauer kennenlernen 12
1.3.3 Arbeits- und Geschäftsprozesse 14

2 Wir verstehen den Betrieb im Zusammenhang der Wirtschaft 15
2.2 Güterarten richtig zuordnen 15
2.3 Betriebliche Produktionsfaktoren einsetzen 16
2.4 Die Bedeutung der Arbeitsteilung begründen 18
2.6 Unternehmensziele einordnen 18

3 Wir beschreiben unseren Ausbildungsberuf 22

4 Wir beachten Mitbestimmungsrechte und Tarifrecht im Unternehmen 24
4.3 Die Bedeutung von Tarifverträgen begründen 24

Büroprozesse gestalten und Arbeitsvorgänge organisieren

Lernfeld 2

1 Wir gestalten Arbeitsraum, Arbeitsplatz und Arbeitsumgebung 29
1.1 Die Bearbeitung der Lernsituation planen 29
1.4 Den Arbeitsraum gestalten 30
1.5 Anforderungen an einen Bildschirmarbeitsplatz kennen 33

2 Wir planen Termine und stimmen sie ab 45
2.1 Bearbeitung der Lernsituation planen 45
2.2 Termine planen 47
2.3 Termine im Gespräch abstimmen 49

3 Wir organisieren ein Meeting unter Berücksichtigung des Zeitmanagements 52
3.1 Die Bearbeitung der Lernsituation planen 52
3.2 Zeit- und Selbstmanagement reflektieren 52
3.2.2 Methoden des Zeitmanagements beschreiben 52
3.3 Sitzungen und Besprechungen organisieren 60
3.3.1 Die Vorbereitung von Sitzungen und Besprechungen planen 60
3.3.2 Die Durchführung von Sitzungen und Besprechungen planen 61

3.3.3 Die Nachbereitung von Sitzungen und Besprechungen planen 62

4 Wir bearbeiten eingehende und ausgehende Informationen 71
4.1 Eingehende Informationen bearbeiten 71
4.1.1 Den Posteingang abwickeln.. 71
4.1.2 Den E-Mail-Eingang bearbeiten.. 75
4.1.3 Eingehende Gespräche bearbeiten 76
4.1.4 Den Telefaxeingang abwickeln... 81
4.2 Ausgehende Informationen bearbeiten 82
4.2.1 Den Postausgang bearbeiten 82
4.2.2 Den Ausgang von E-Mail, Telefax und Gesprächen bearbeiten................... 88

5 Wir ordnen und bewahren Schriftstücke und elektronische Dokumente auf........... 91
5.2 Aufbewahrungsfristen unterscheiden... 91
5.4 Ordnungssysteme anwenden 92
5.5 Arten der Registratur vergleichen... 93

6 Wir berücksichtigen Maßnahmen zur Erhaltung und Förderung der Gesundheit...... 96
6.2 Maßnahmen zur Förderung der Gesundheit ermitteln 96
6.2.1 Informationen über Arbeits- und Gesundheitsschutzvorschriften sammeln........ 96

Aufträge bearbeiten

Lernfeld 3

1 Wir analysieren den Geschäftsprozess der Auftragsbearbeitung..................... 101
1.2 Den Bereich der Auftragsbearbeitung kennenlernen.............................. 101
1.3 Prozess und Belege der Auftragsbearbeitung.................................... 103

2 Wir erschließen büroübliche Applikationen der EDV-Anlage 115
2.2 Die betriebliche EDV-Anlage beschreiben....................................... 115

3 Wir berechnen Preise mit Taschenrechner und über Tabellenkalkulation............. 116
3.3 Die Tabellenkalkulation für die Preisberechnung einsetzen..................... 116
3.3.2 Formeln, Funktionen und Adressierung einsetzen 116
3.6 Unverbindliche Preisempfehlungen geben 117

5 Wir bereiten externen und internen Schriftverkehr vor 119
5.5 Modern und richtig formulieren 119
5.9 Interkulturelle Unterschiede in der Anfrage- und Auftragsbearbeitung beachten.... 123

8 Wir vervielfältigen Schriftstücke und versenden Dateien ... 1

8.2 Druckkosten berechnen ... 123

Sachgüter und Dienstleistungen beschaffen und Verträge schließen

1 Wir ermitteln den Bedarf an Sachgütern und Dienstleistungen ... 125

1.2 Den Beschaffungsbereich kennenlernen ... 125

1.4 Bestandsermittlung und -führung im Lager ... 127

1.6 Den Verbrauchswert und die ABC-Analyse berücksichtigen ... 129

1.7 Den Bedarf über das Bestellpunktverfahren ermitteln ... 131

1.8 Den Bedarf über das Bestellrhythmusverfahren ermitteln ... 133

2 Wir recherchieren Bezugsquellen und Beschaffungsrichtlinien ... 134

2.1 Beschaffungs- oder Einkaufsrichtlinien verwenden ... 134

2.5 Lieferantenbewertung ... 136

4 Wir prüfen und vergleichen Angebote ... 136

4.1 Angebotsbestandteile prüfen ... 136

4.2 Allgemeine Geschäftsbedingungen einbeziehen ... 139

4.4 Einen quantitativen Angebotsvergleich durchführen ... 145

4.5 Eine Nutzwertanalyse durchführen ... 146

5 Wir bestellen Sachgüter und Dienstleistungen ... 149

5.1 Die Bearbeitung der Lernsituation planen ... 149

5.6 Bestellungen erstellen ... 150

6 Wir nehmen Waren an sowie Dienstleistungen ab und lagern Waren ... 152

6.2 Waren annehmen und lagern ... 152

6.3 Dienstleistungen prüfen und abnehmen ... 153

7 Wir bearbeiten Schlechtleistungen ... 154

7.2 Mängelarten feststellen ... 154

7.3 Untersuchungs- und Rügepflicht beachten ... 156

8 Wir bearbeiten eine Nicht-rechtzeitig-Lieferung ... 157

8.4 Einen Ablaufplan zur Bearbeitung der Nicht-rechtzeitig-Lieferung erstellen ... 157

9 Wir prüfen und begleichen Rechnungen ... 158

9.2 Eine sachliche und rechnerische Überprüfung durchführen ... 158

9.3 Die Zahlungsart festlegen und zahlen ... 161

Lernfeld 1: Die eigene Rolle im Betrieb mitgestalten und den Betrieb präsentieren

1 Wir präsentieren den Ausbildungsbetrieb

Aufgabe Kapitel 1, S. 12, Aufgabe 1a

Erfassungsbogen

Meine Klasse ....
Kauffrau/Kaufmann für Büromanagement

Mitschüler-Statistik

Alter	Anzahl (Strichliste)
16	
17	
18	
19	
20	
21	
>21	

Betriebsarten und Hauptgeschäftsfelder der Ausbildungsbetriebe

Betriebsart	Haupttätigkeitsfelder	Anzahl (Strichliste)
Handwerksbetrieb		
Industriebetrieb (Produktionsbetrieb)		
Handelsbetrieb		
(sonstiger) Dienstleistungsbetrieb		
sonstige		

Meine ersten Fachwörter – kurz notiert:

____

____

____

____

____

____

Vorkenntnisse? Anzahl (Strichliste)

	keine	Anfänger	fortgeschritten
Wirtschaft			
PC			
PowerPoint			
Word			
Excel			

1.2 Einführung in die Berufsausbildung

1.2.1 Start in den Berufsschulunterricht

Aufgabe Kapitel 1.2, S. 16, Aufgabe 1

Mein Ausbildungssteckbrief

Auszubildende(r):	
Ausbildungsberuf:	
Ausbildender:	
Ausbilder:	
Ort des Ausbildungsbetriebs:	
Ort der Berufsschule:	
Ort der IHK bzw. HwK:	
Ausbildungsdauer lt. Vertrag:	
Rechtliche Vorgaben zur Ausbildung allgemein:	
Rechtliche Vorgabe zur Ausbildung für den Betrieb:	
Rechtliche Vorgabe zur Ausbildung für den Unterricht:	

Pflichten des Auszubildenden kurz gefasst:

Rechte des Auszubildenden = Pflichten des Ausbildenden kurz gefasst:

Hinweis: Aus Gründen der besseren Lesbarkeit wird im Fachbuch und im Arbeitsheft häufig die männliche Form gewählt. Die Angaben beziehen sich jedoch auf Angehörige beider Geschlechter, sofern nicht ausdrücklich auf ein Geschlecht Bezug genommen wird.

1.2.2 Kompetenzen für lebenslanges Lernen und Lernkontrollen

Aufgaben Kapitel 1.2.2, S. 20, Aufgabe 3

1. In der folgenden Übersicht werden verschiedene Anforderungen (mit einem Stichwort bezeichnete Kompetenzen) genannt und von einem Ausbilder (dunkelblau) markiert, welche Bedeutung diese für die Ausbildung zum Kaufmann/zur Kauffrau für Büromanagement haben. Ergänzen Sie in der Tabelle nach Ihrer persönlichen Einschätzung mit einem „x“, inwieweit Sie derzeit diese Anforderungen erfüllen können, bzw. mit einem „O“, inwieweit diese Anforderungen für Sie von Bedeutung sind. Vergleichen Sie die Einschätzungen mit der Vorgabe des Ausbilders. Diskutieren Sie über Ihre Einschätzungen.

Persönliches Profil im Vergleich: Anforderungen und Kompetenzen

Anforderungen/ Kompetenzen	hoch sehr wichtig	höher wichtig	mittel	geringer eher unwichtig	gering unwichtig
Fachliches Engagement					
Deutschkenntnisse					
Mathematikkenntnisse					
Naturwissenschaften					
Englisch					
Genaues Arbeiten					
Verantwortungsbewusstsein					
Eigeninitiative					
Äußeres Erscheinungsbild					
Kontaktfähigkeit					
Körperliche Arbeit					
IT-Kenntnisse					

Ihr persönliches Profil der Kompetenzen: **x** (Ist), **O** (Soll)
Markierte Felder: Vorgabe der Anforderungen eines Ausbilders

2. Die IHK hat statistisch ermittelt, welche hier alphabetisch aufgelisteten Grundhaltungen und Werteinstellungen sowie sozialen Einstellungen für Betriebe von besonderer Bedeutung sind.

   a) Geben Sie mit Ziffern 1 ff. an, welche Haltungen und Einstellungen Ihrer Meinung nach besonders wichtig für Betriebe eingeschätzt werden müssten.

   b) Vergleichen Sie Ihr Ergebnis mit der Lösung (unten: Angabe der Reihenfolgen) und diskutieren Sie über das Ergebnis.

Erwartungen der Wirtschaft an die Schulabgänger

Nr.	Grundhaltungen und Werteinstellungen	Nr.	Soziale Einstellungen
	Ausdauer, Durchhaltevermögen, Belastbarkeit		Höflichkeit, Freundlichkeit
	Fähigkeit zu Kritik und Selbstkritik		Konfliktfähigkeit
	Konzentrationsfähigkeit		Kooperationsbereitschaft
	Kreativität und Flexibilität		Teamfähigkeit
	Lern- und Leistungsbereitschaft		Toleranz
	Sorgfalt, Gewissenhaftigkeit		
	Verantwortungsbereitschaft, Selbstständigkeit		
	Zuverlässigkeit		

Vgl. http://www.ihk-nordwestfalen.de/wirtschaft/aus-und-weiterbildung/ausbildung/zielgruppen/schueler/was-erwartet-die-wirtschaft/

Reihenfolge nach IHK 3, 7, 5, 8, 2, 4, 6, 1 und 3, 4, 1, 2, 5

Aufgaben

Kapitel 1.2.2, S. 20, Aufgabe 4

Nehmen Sie anhand der Beurteilungsmerkmale und -stufen auf der folgenden Seite eine Selbstbewertung vor und tragen Sie diese mit einem „x“ und evtl. sonstigen Anmerkungen in die untenstehende Tabelle ein.

Selbstbewertungen

Bewertungen nach Beurteilungsstufen

Beurteilungsmerkmale	Zu Anfang					Ende 1. Schuljahr					Ende 2. Schuljahr					Ende 3. Schuljahr				
	A	B	C	D	E	A	B	C	D	E	A	B	C	D	E	A	B	C	D	E
Kenntnisse über das Arbeitsgebiet																				
Arbeitsbereitschaft/ Initiative																				
Arbeitsmethodik																				
Arbeitssorgfalt																				
Auffassungsgabe																				
Lernbereitschaft																				
Urteilsfähigkeit																				
Kontaktfähigkeit																				

Sonstige Anmerkungen:

Beurteilungsmerkmale zur Selbstbewertung und Bewertung durch Ausbilder

Beurteilungsmerkmale		Beurteilungsstufen				
		A	B	C	D	E
Kenntnisse über das Arbeitsgebiet	Vorhandene Kenntnisse und Wissen über das Aufgabengebiet Betriebswirtschaftslehre, Rechnungswesen und Controlling?	Nicht vorhanden	Grundkenntnisse vorhanden, sehr lückenhaft	Grundkenntnisse vorhanden, befriedigender Stand	Grundkenntnisse vorhanden, bisher gute Ergebnisse	Gute Vorkenntisse, sehr interessiert, Praxiserfahrungen
Arbeitsbereitschaft/ Initiative	Wie verhalte ich mich gegenüber den auf mich zukommenden alltäglichen Aufgaben? Bin ich bemüht, aus eigenem Antrieb ein gutes Ergebnis zu erzielen und mit eigenen Ideen dazu beizutragen?	Passiv, gleichgültig, uninteressiert	Könnte von mir aus mehr unternehmen, sollte nicht auf Anstoß warten	Interessiert, brauche selten Anregungen, arbeite von mir aus weiter	Aktiv, zeige Initiative	Ausgesprochen ideenreich und initiativ, sehr aktiv
Arbeitsmethodik	Werden die gestellten Aufgaben entsprechend dem Ausbildungsstand unter logischen und wirtschaftlichen Gesichtspunkten bearbeitet?	Arbeite mit wenig Überlegung, umständlich	Im großen Ganzen überlegt, aber etwas umständlich	Im Rahmen der Erfahrungen überlegt und systematisch	Arbeite umsichtig und planvoll	Sehr umsichtig, denke voraus und passe mich veränderten Situationen an
Arbeitstempo	Wie rasch bewältige ich meine Aufgaben? Steht der Zeitaufwand unter Berücksichtigung des Ausbildungsstands in einem entsprechenden Verhältnis zum bewältigten Arbeitsumfang?	Langsam, Zeitaufwand sehr hoch	Etwas langsam, Zeitaufwand zu hoch	Gleichmäßig, Zeitaufwand befriedigend	Schnell und zügig	Sehr schnell und zügig
Arbeitssorgfalt	Inwieweit arbeite ich fehlerfrei und sorgfältig?	Nicht ausreichend, hohe Fehlerquote	Gelegentlich flüchtig und fehlerhaft	Gewissenhaft und ordentlich, geringe Fehlerquote	Sorgfältig, Fehler treten selten auf	Arbeite mit größter Genauigkeit sehr zuverlässig und fehlerfrei
Auffassungsgabe	Bin ich entsprechend dem Ausbildungsstand in der Lage, einen Sachverhalt zu erfassen, seine Auswirkungen zu erkennen und bei der Erfüllung der gestellten Aufgaben zu berücksichtigen?	Erfasse mühsam und langsam, nicht ausreichend	Gelegentlich schwerfällig	Zufriedenstellende Auffassung	Rasches Erkennen, finde mich schnell zurecht	Blick für das Wesentliche und für Zusammenhänge, bin sofort im Bild
Lernbereitschaft	Habe ich an meinem Unterricht und neuen Kenntnissen und Fähigkeiten Interesse?	Kaum lernbereit, kein Interesse, passiv	Ungleichmäßige Lernbereitschaft, geringes Interesse	Im Allgemeinen lernbereit, am Unterricht interessiert	Stets lernbereit und interessiert, wirke aktiv im Unterricht mit	Besonders lernbereit und interessiert, wirke im Unterricht stets aktiv mit
Urteilsvermögen	Kann ich entsprechend meinem Ausbildungsstand einen Sachverhalt selbstständig beurteilen und ein Urteil sachlich und unter Berücksichtigung der wesentlichen Gesichtspunkte begründen?	Neige zur Fehlbeurteilung	Im Urteil unsicher und unselbstständig	Im Rahmen der Erfahrung folgerichtiges Urteil	Kritisch, besonnen, klares Urteil	Ausgesprochen kritisch und sachlich, treffsicheres Urteil
Kontaktfähigkeit	Bin ich fähig, bei neuen Kontakten mit Personen und Aufgaben rasch eine für die Arbeit günstige Atmosphäre herzustellen?	Finde kaum Kontakt, wirke verschlossen	Zurückhaltend, förmlich	Bin kontaktbereit, verstehe mit anderen umzugehen	Finde Kontakt, freimütig, verbindlich	Finde schnell Kontakt, besitze werbende Kraft

1.3 Das Modellunternehmen Palm KG kennenlernen

1.3.2 Die Palm KG genauer kennenlernen

Aufgaben Kapitel 1.3.2, S. 27, Aufgabe 2

Sie sollen wichtige Textstellen und Begriffe des folgenden Leitbilds durch Unterstreichen herausstellen. Überlegen Sie in Partner- und Gruppenarbeit für jeden Abschnitt, welche Aussage(n) wichtig ist/sind. Erstellen Sie das Leitbild als Mindmap. Lassen Sie die Mindmap von Mitschülern bewerten.

PALM – Unternehmensgrundsätze (Leitbild)

Kunden: Alle Prozesse und Entscheidungen sind auf unsere Kunden ausgerichtet. Größtmögliche Kundenorientierung ist unser oberstes Ziel. Wir wollen unsere Kunden langfristig an uns binden und streben eine hundertprozentige Kundenzufriedenheit an.

Leistungen: Wir stellen hochwertige Büromöbel her und bieten dazu ein umfangreiches Paket an Serviceleistungen. Unser Vollservice für den Kunden von der Planung über die Fertigung, Auslieferung, Installation und Wartung stellt die Berücksichtigung auch individueller Kundenwüsche zu einem guten Preis-Leistungs-Verhältnis sicher, soll die Erwartungen der Kunden übertreffen. Das Qualitätssiegel „Quality-Office" wollen wir für alle unsere Produkt- und Dienstleistungen erfüllen. In Produktqualität, Funktionalität und Design wollen wir zu den Marktführern gehören. Wir garantieren eine gute Kommunikation mit den Kunden und eine termingerechte Auftragsabwicklung.

Mitarbeiter: Wir bieten unseren Mitarbeiterinnen und Mitarbeitern sichere Arbeitsplätze nach den neuesten arbeitsphysiologischen Erkenntnissen und sind an einer langfristigen, partnerschaftlichen Zusammenarbeit zum gegenseitigen Nutzen interessiert. Wir unterstützen die Arbeit durch unser integriertes Managementsystem, fördern Ausbildung und Fortbildung unserer Mitarbeiter aktiv, motivieren zum betriebsinternen Aufstieg in größere Verantwortungsbereiche. Für die Auswahl der Mitarbeiter sind ausschließlich fachliche und menschliche Kompetenzen ausschlaggebend. Wir wollen Frauen die Möglichkeit geben, Karriere und Privatleben miteinander zu vereinbaren, und schaffen die Voraussetzungen dafür. Über unser integriertes Managementsystem sind alle Mitarbeiter aufgefordert, kollektiv Verantwortung für Qualität, Arbeitssicherheit und Umwelt zu übernehmen und sich aktiv dafür einzusetzen, den hohen Unternehmensstandard zu erhalten und wenn möglich noch zu verbessern.

Nachhaltigkeit: Wir verpflichten uns zu einer nachhaltigen Geschäftspolitik, wollen dazu ökonomische, ökologische und soziale Aspekte im Ganzen betrachten, auswerten und wenn möglich Verbesserungen erreichen. Mit großem Aufwand wollen wir dafür mit unserem integrierten Managementsystem alle internationalen Normen des Qualitätsmanagements, des Umweltmanagements, des Arbeitsschutzmanagements und der EG-Ökoauditverordnung im Unternehmen ständig überprüfen, die Einhaltung durch unser Managementsystem sicherstellen und durch Zertifikate des TÜV sowie unseren jährlichen Nachhaltigkeitsbericht regelmäßig nachweisen.

Geschäftspartner: Wir wollen durch faire und vertrauensvolle Zusammenarbeit mit Kunden und Lieferanten langfristige, partnerschaftliche Geschäftsbeziehungen sicherstellen.

Fachliches Engagement und regionale Verantwortung: Wir engagieren uns im Fachverband für die Belange der Büromöbelbranche, wollen nachhaltig die Entwicklung neuer Bürokonzepte prägen. Lokales Engagement zeigen wir durch unsere Mitarbeit in Wirtschaftsvereinigungen der Region und durch die Teilnahme an der Umweltallianz Mecklenburg-Vorpommern. Durch Spenden im sozialen und kulturellen Bereich und das Sponsoring verschiedener Sportvereine zeigen wir die Verbundenheit, Anerkennung und Verantwortung für unsere Region.

Vorlage Mindmap Unternehmensleitbild

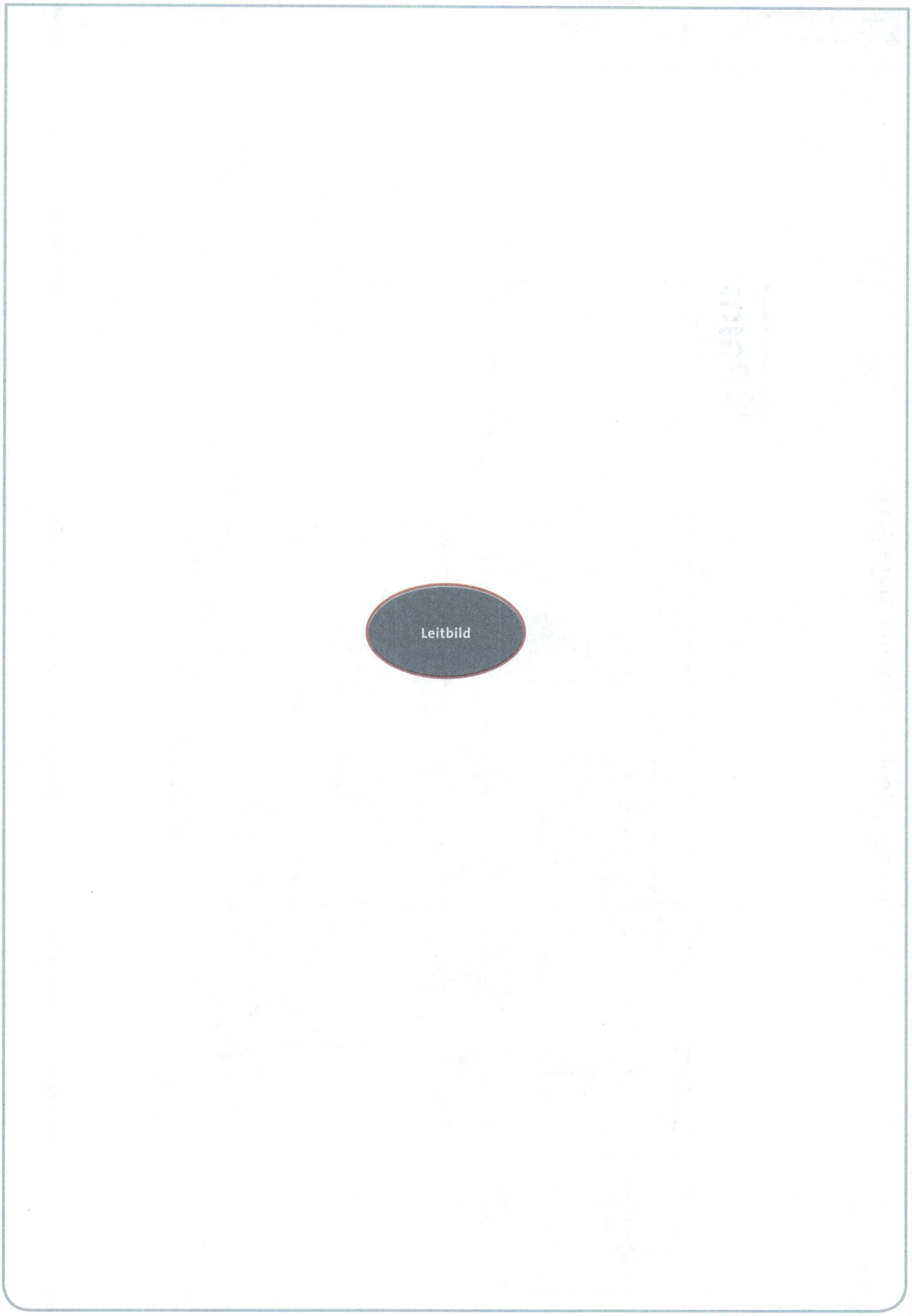

1.3.3 Arbeits- und Geschäftsprozesse

Aufgabe Kapitel 1.3.3, S. 33/34, Aufgabe 1

Notieren Sie die richtigen Nummern neben den Pfeilspitzen.

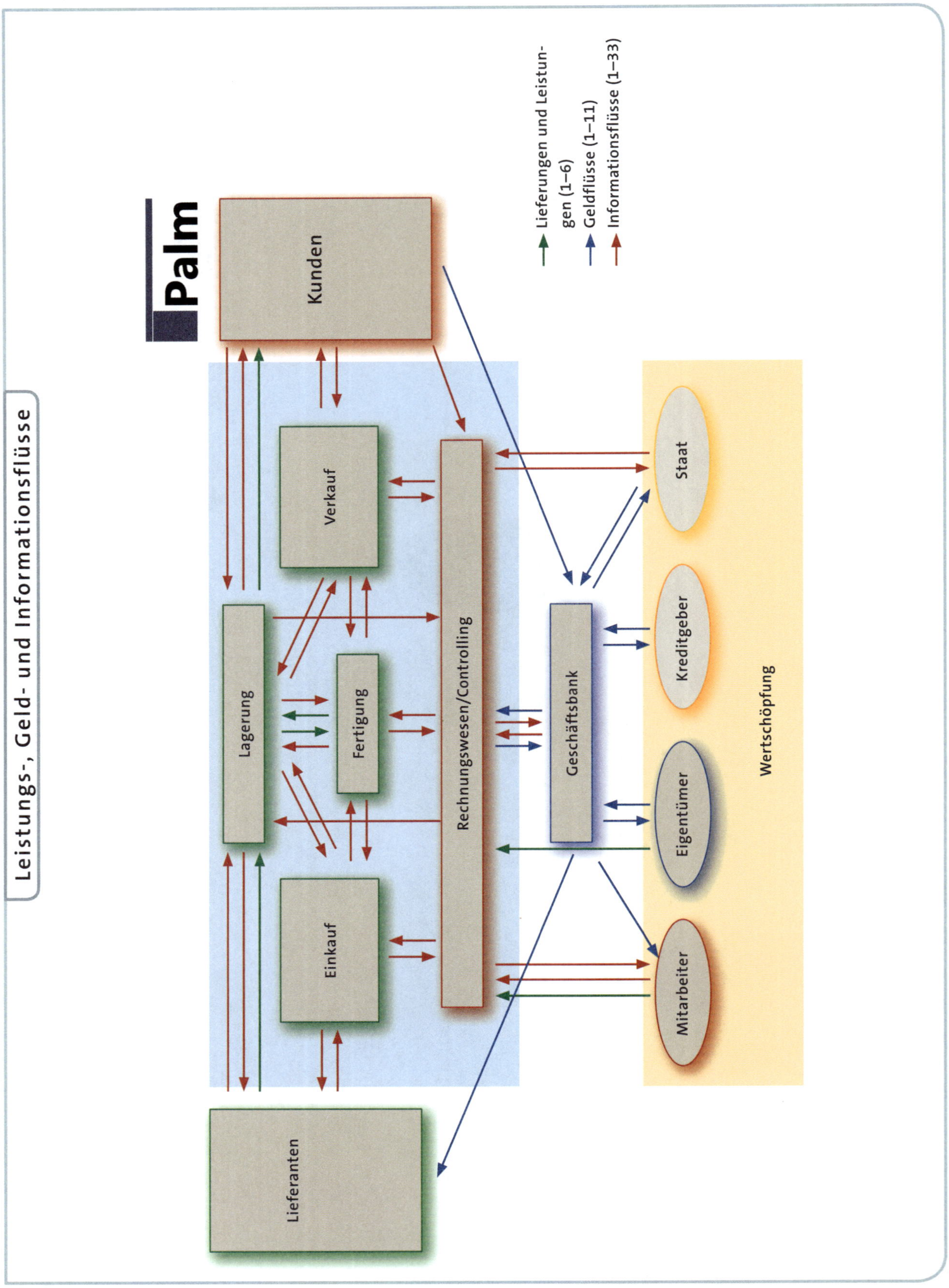

2 Wir verstehen den Betrieb im Zusammenhang der Wirtschaft

2.2 Güterarten richtig zuordnen

Aufgabe Kapitel 2.2, S. 64, Aufgabe 1

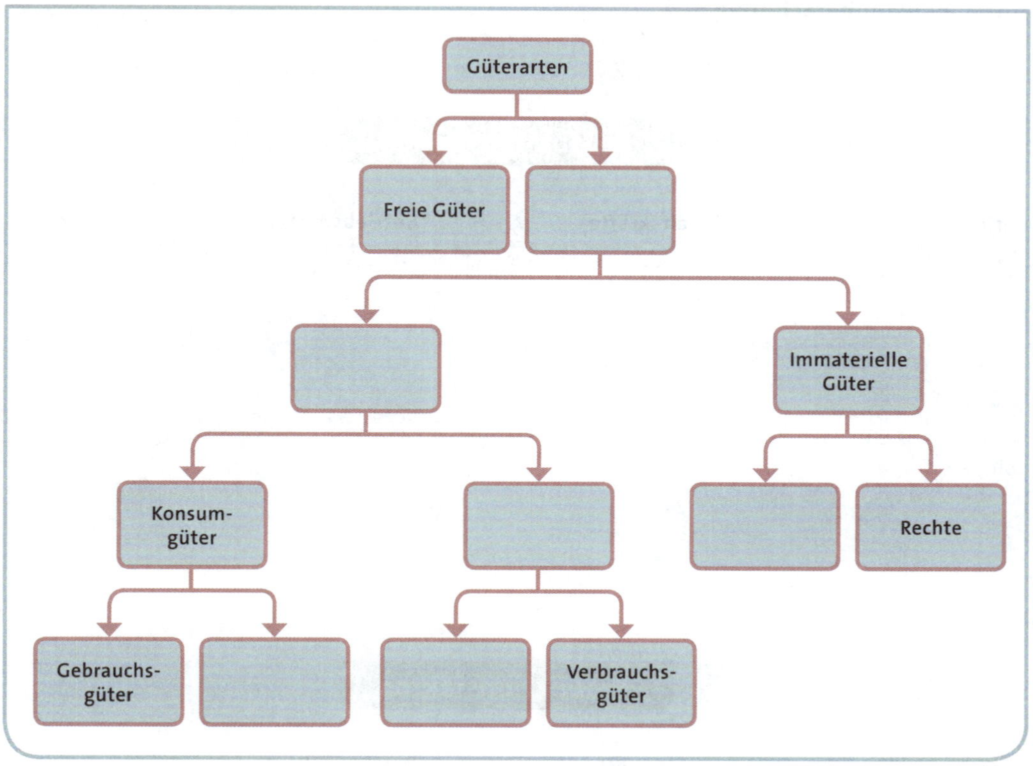

Aufgabe Kapitel 2.2, S. 65, Aufgabe 5

Kurztest: Ordnen Sie folgende Werkstoffe den Sammelbegriffen durch Ankreuzen richtig zu.

Werkstoffe im weiteren Sinne einschließlich Vorprodukte Halbfertigprodukte und Bauteile	Rohstoffe	Hilfsstoffe	Betriebsstoffe	Fertigteile
Farbe	X			
Holz				X
Armaturen				X
Öl als Brennstoff	X			
Scharniere für Schränke				X
Schmierstoff für Maschinen		X		
Klebstoff		X		
Gussteil als Bauteil				X
Strom			X	
Eisen	X			
Gehäuse				X
Nägel und Schrauben				X
Wasser für Limonade		X		

2.3 Betriebliche Produktionsfaktoren einsetzen

Aufgaben Kapitel 2.3, S. 69, Aufgabe 5

Vorlagen für die Kostenberechnung

Variante 4:

	Produktionsfaktor		
Kombination	**Arbeitskräfte**	**Betriebsmittel**	**Kosten**
1	24	10	
2	14	12	
3	8	20	
4	6	24	
Kosteneinheit			

Variante 4a:

	Produktionsfaktor		
Kombination	**Arbeitskräfte**	**Betriebsmittel**	**Kosten**
1	24	10	
2	14	12	
3	8	20	
4	6	24	
Kosteneinheit			

Variante 4b:

	Produktionsfaktor		
Kombination	**Arbeitskräfte**	**Betriebsmittel**	**Kosten**
1	24	10	
2	14	12	
3	8	20	
4	6	24	
Kosteneinheit			

Aufgabe Kapitel 2.3, S. 69, Aufgabe 7

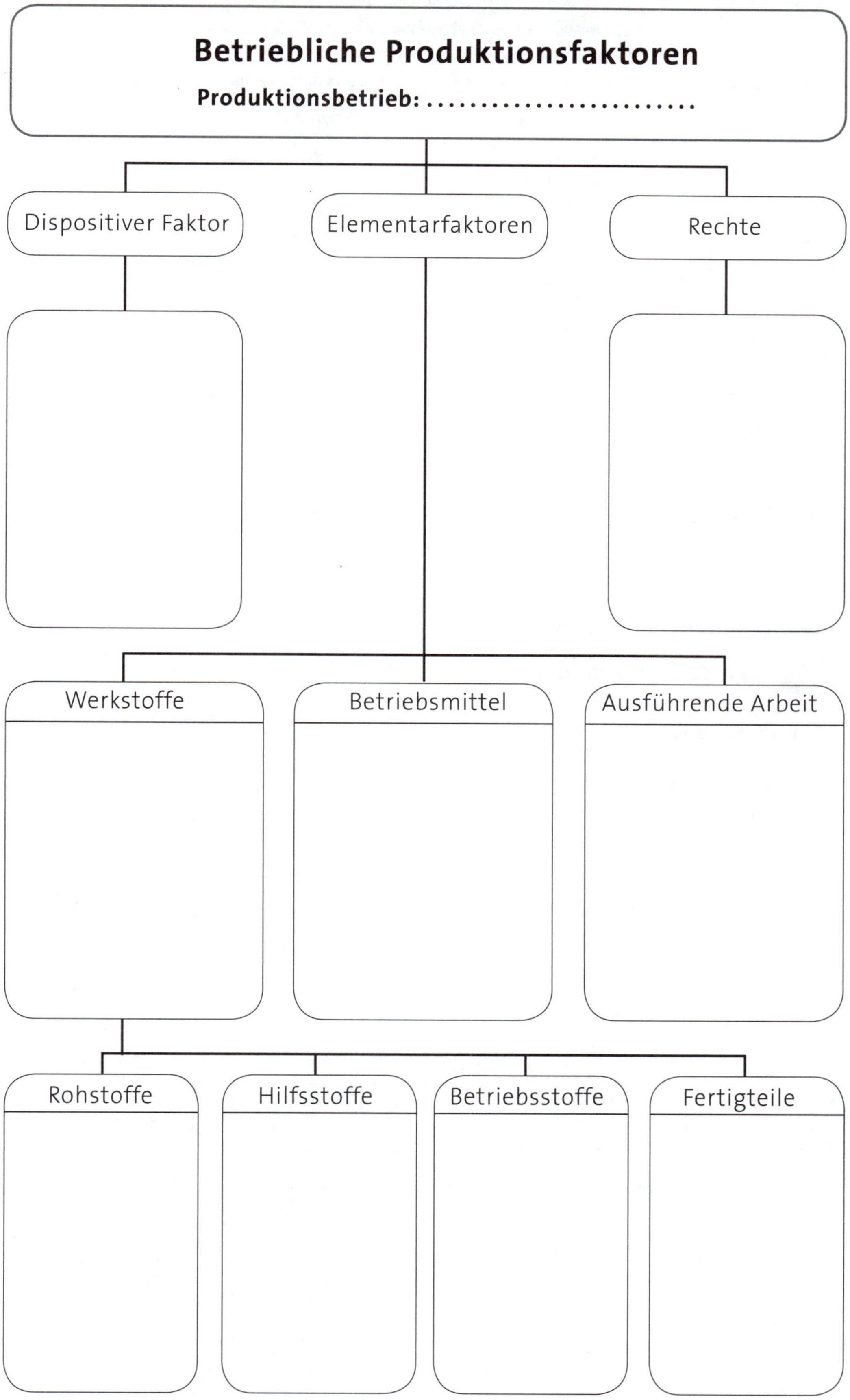

2.4 Die Bedeutung der Arbeitsteilung begründen

Aufgaben Kapitel 2.4, S. 74, Aufgabe 8

Arbeitsproduktivität der Bülo AG

Fertigungsstätte	Arbeitsstunden	Produktionsmenge	Arbeitsproduktivität
Hamburg	5 200	120 000	
Hannover	3 200	70 000	
Düsseldorf	12 300	340 000	
Frankfurt/M.	23 200	560 000	
Regensburg	16 900	420 000	
Dresden	10 400	290 000	
gesamt			
Beste Produktivität			27,88
Einsparung Stunden			
Einsparung Prozent			

2.6 Unternehmensziele einordnen

Aufgaben Kapitel 2.6, S. 83, Aufgabe 11

Übungstest zu Lernsituation 1 und 2

1. Was ist richtig, was ist falsch? (Bitte ankreuzen, 23 Punkte)

	richtig	falsch
a) Ein Geschäftsportfolio listet das Leistungsangebot des Unternehmens auf.	☒	☐
b) Wohnung, Essen und Kleidung zählen zu den Existenzbedürfnissen.	☒	☐
c) Bedarf entsteht schon dann, wenn Güter angeboten werden.	☐	☒
d) Nachfrage am Markt entsteht auch ohne Bedarf und ohne Kaufentschluss.	☒	☐
e) Subventionen sind indirekte Steuern der Unternehmen an den Staat.	☐	☒
f) Transferleistungen werden von dem Staat an die Haushalte gewährt.	☐	☒
g) Werkstoffe, Betriebsmittel und dispositiver Faktor sind betriebswirtschaftliche Produktionsfaktoren.	☐	☒
h) Hilfsstoffe sind Betriebsstoffe in der Leistungserstellung.	☒	☐
i) Die Arbeitsproduktivität steigt, wenn Mitarbeiter mehr leisten und der Output steigt.	☒	☐
j) Öffentliche Haushalte haben Gewinnmaximierung als Ziel.	☒	☐

	richtig	falsch
k) Das Minimumprinzip wird verfolgt, wenn die Autowäsche von 10 Firmenwagen mit den geringsten Kosten angestrebt wird.	☒	☐
l) Das Maximumprinzip wird verfolgt, wenn für 18,00 € möglichst viele Teile bearbeitet werden sollen.	☒	☐
m) Ein Rechtsanwalt ist in der Rechtsordnung eine juristische Person.	☒	☐
n) Der Dienstleistungsbereich gehört zum sekundären Wirtschaftssektor.	☐	☒
o) Durch Eintragung in das Handelsregister wird man nach dem HGB zum Kaufmann.	☒	☐
p) Das Handelsregister wird von der IHK geführt.	☐	☒
q) Ein Kaufmann haftet stets mit dem Privatvermögen.	☒	☐
r) Nur eine Kauffrau/ein Kaufmann nach HGB kann Prokura erteilen.	☒	☐
s) Ein einzelner Gründer kann sich mit den Zusätzen „e. K.“, „GmbH“ oder „AG“ in das Handelsregister eintragen lassen.	☒	☐
t) Ein Prokurist unterzeichnet mit „i. V.“	☐	☒
u) Wer Gesamtprokura hat, entscheidet über alle Geschäfte und Rechtshandlungen allein.	☐	☒
v) Mit allgemeiner Handlungsvollmacht kann man über alle gewöhnlichen Rechtshandlungen entscheiden.	☒	☐
w) Jeder Mitarbeiter kann grundsätzlich jedem untergebenen Mitarbeiter eine niedrigere Vollmacht erteilen.	☐	☒

2. Ordnen Sie je eine Aussage den drei Bedürfnisarten zu (3 Punkte):

	Bedürfnisarten	
a) unbewusst, versteckt		
b) gemeinschaftlich	latente Bedürfnisse:	______
c) nicht fassbar	immaterielle Bedürfnisse:	______
d) lebensnotwendig	kollektive Bedürfnisse:	______

3. Ordnen Sie je ein Beispiel korrekt dem betriebswirtschaftlichen Produktionsfaktor zu (2 Punkte):

	Betriebswirtschaftlicher Produktionsfaktor	
a) Tätigkeit eines Mitarbeiters in der Reparaturwerkstatt		
b) Tätigkeit des Geschäftsführers		
c) Strom als Primärenergie für die Produktion	Betriebsmittel:	______
d) Verwendung eines Roboters in der Produktion	Dispositive Arbeit:	______
e) Schmiermittel für Fertigungsmaschinen		
f) Spende eines Pkw an das Rote Kreuz		

4. Ordnen Sie die Unternehmensform je einer Aussage richtig zu (3 Punkte):

a) GmbH & Co KG — Personengesellschaft: ____________

b) GmbH — nicht im Handelsregister eingetragen: ____________

c) GbR — Kapitalgesellschaft: ____________

5. Ordnen Sie folgende Unternehmensziele den Kennzahlen richtig zu (5 Punkte):

Unternehmensziele:	**Kennzahlen:**	
a) Wirtschaftlichkeit	Ausschussquote	____________
b) Qualität	Umsatz/Mitarbeiter	____________
c) Mitarbeiterzufriedenheit	Reklamationsrate	____________
d) Umweltverträglichkeit	Fluktuation	____________
	Recyclingerlöse	____________

6. Geben Sie an, welches Produkt den größten prozentualen Umsatzzuwachs erzielt hat, und geben Sie den Prozentsatz an (3 Punkte).

Produkt	Umsatzzuwachs %

Produkt	Umsatz (€) Vormonat	Umsatz (€) Aktueller Monat
A	9.000,00	11.000,00
B	12.000,00	10.800,00
C	11.200,00	14.100,00
D	8.100,00	11.300,00
E	4.000,00	5.600,00

7. Welche Aussage ist zur Formulierung von Unternehmenszielen richtig? (Bitte ankreuzen, 6 Punkte)

a) Unternehmensziele können strategisch oder operativ sein. ☐

b) Ein sicherer Arbeitsplatz ist ein ökonomisches Ziel. ☐

c) Eine höhere Arbeitsproduktivität ist ein soziales Ziel. ☐

d) Weniger Energieverbrauch ist ein ökologisches Ziel. ☐

e) Eine hohe Anzahl von Reklamationen ist ein ökonomisches Ziel. ☐

f) Die Bewertung eines Produktes besser als 2 ist ein Sachziel. ☐

8. Nach welchem Prinzip arbeitet die Palm KG, wenn mit den zur Verfügung stehenden liquiden Mitteln möglichst viel erreicht werden soll? (2 Punkte)

a) Minimumprinzip ☐

b) Bedarfsdeckungsprinzip ☐

c) Sparprinzip ☐

d) Maximumprinzip ☐

e) Kostendeckungsprinzip ☐

9. Geben Sie für die Darstellung des Wirtschaftskreislaufs die Bezeichnungen der Wirtschaftssubjekte a), b) und c) an (3 Punkte):

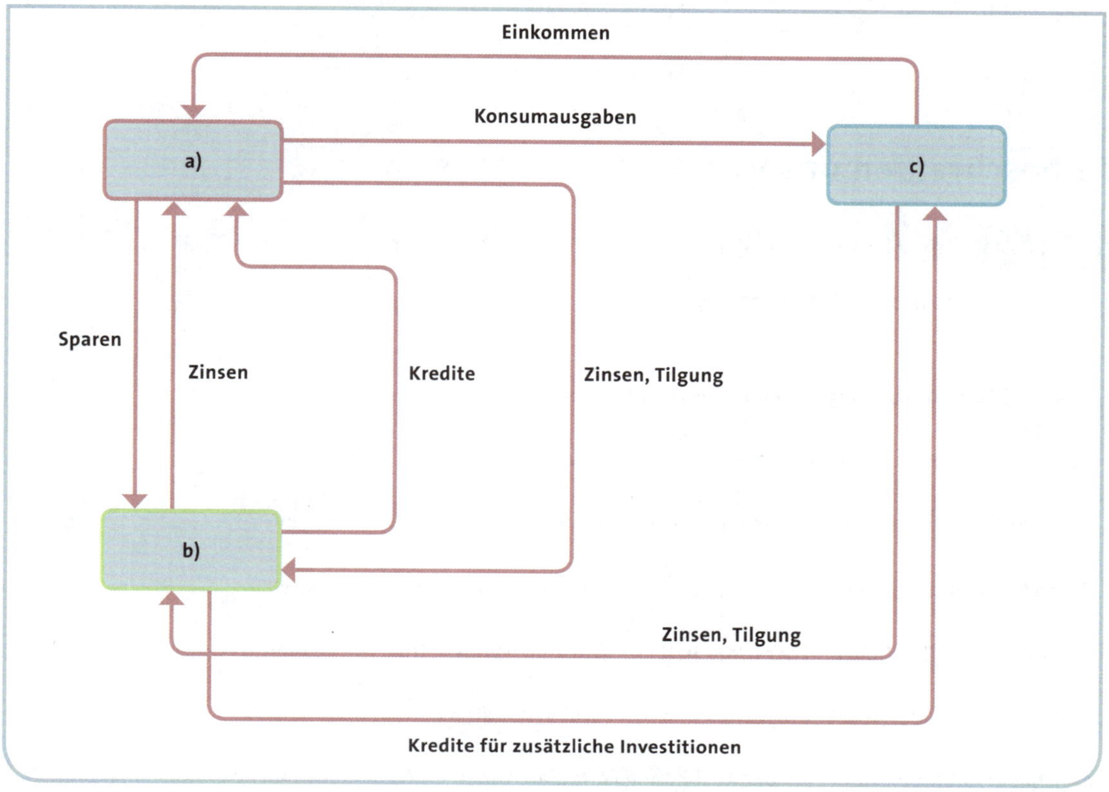

a) ______________________________

b) ______________________________

c) ______________________________

10. Welche Unternehmen gehören zur Personengesellschaft (P) oder Kapitalgesellschaft (K)? (5 Punkte)

a) GmbH: ________

b) GmbH & Co KG: ________

c) OHG: ________

d) Jan Küster Büro-Systeme: ________

e) Jan Küster AG: ________

11. Ordnen Sie je eine Aussage den drei Maßnahmen richtig zu. (3 Punkte):

a) Aufgabenbereicherung

b) Arbeitszerlegung

c) Aufgabenwechsel

d) Aufgabenerweiterung

Maßnahmen

Jobrotation: ________

Jobenlargement: ________

Jobenrichment: ________

12. Ordnen Sie je eine Aussage den drei Güterarten zu (3 Punkte):

a) unverbunden	**Bedürfnisarten**
b) austauschbar	Investitionsgüter: ______
c) betrieblich	Komplementäre Güter: ______
d) ergänzend	Substitutive Güter: ______

3 Wir beschreiben unseren Ausbildungsberuf

Aufgaben Abschlusstest, Aufgabe 3, S. 93

1. Was ist richtig, was ist falsch? (Bitte ankreuzen)

	richtig	falsch
a) Die schulische Ausbildung wird über die Ausbildungsverordnung geregelt.	☐	☐
b) Nach BBiG können Azubis vorzeitig zur Prüfung zugelassen werden.	☐	☐
c) Eine Ausbildung kann nachträglich nicht verlängert werden.	☐	☐
d) Nach BBiG muss der Auszubildende umgehend einen Ausbildungsvertrag erhalten.	☐	☐
e) Neben der Berufsschule und der IHK erhält der Azubi auch vom Betrieb ein Zeugnis.	☐	☐
f) Die Probezeit in der Ausbildung kann zwischen 1 und 3 Monaten betragen.	☐	☐

2. Der Ausbilder hat Ihnen zu Beginn der Ausbildung Formulare für einen Ausbildungsnachweis ausgehändigt. Welche Aussagen dazu sind zutreffend? (Bitte ankreuzen)

   a) Ausbildungsnachweise sind eine rein betriebliche Angelegenheit. ☐

   b) Ohne Ausbildungsnachweise wird man nicht zur Prüfung zugelassen. ☐

   c) Ausbildungsnachweise müssen wöchentlich vom Ausbilder und Klassenlehrer der Berufsschule abgezeichnet werden. ☐

   d) Der Ausbildungsnachweis kann auch pauschal für die gesamte Ausbildung erklärt werden. ☐

   e) Ausbildungsnachweise müssen für kaufmännische Berufe quartalsweise geführt werden. ☐

3. PALM hat einen Auftrag eines Kölner Unternehmens erhalten, zu deren Erledigung drei Mitarbeiter und zwei 18-jährige Auszubildende für einen Tag und von 10 bis 19 Uhr in Köln arbeiten sollen und jeweils vier Stunden per Zug an- und abreisen. Welche Antwort ist für die Auszubildenden richtig? (Bitte ankreuzen)

   a) Arbeitsorte außerhalb des Firmensitzes sind nicht zulässig. ☐

   b) 11 Stunden Arbeitszeit täglich inkl. Pausen sind unzulässig. ☐

   c) Während der tariflichen Arbeitszeit bestimmt der Vorgesetzte den Arbeitsort per Weisungsrecht. ☐

   d) Der Auszubildende muss die Weisung des Vorgesetzten nicht befolgen. ☐

   e) Nach Jugendschutzgesetz ist der Einsatz der Auszubildenden sittenwidrig. ☐

4. Ein Auszubildender im 2. Ausbildungsjahr hat die Weisung des Ausbildenden auf Arbeitsverrichtung in Köln abgelehnt und ist wegen des Streits mit dem Ausbilder am nächsten Tag unentschuldigt dem Arbeitsplatz ferngeblieben. Welche Maßnahme ist nach untenstehendem Gesetzesauszug zulässig? (Bitte ankreuzen)

§ 22 Berufsbildungsgesetz

Kündigung

(1) Während der Probezeit kann das Berufsausbildungsverhältnis jederzeit ohne Einhalten einer Kündigungsfrist gekündigt werden.

(2) Nach der Probezeit kann das Berufsausbildungsverhältnis nur gekündigt werden
   1. aus einem wichtigen Grund ohne Einhalten einer Kündigungsfrist,
   2. von Auszubildenden mit einer Kündigungsfrist von vier Wochen, wenn sie die Berufsausbildung aufgeben oder sich für eine andere Berufstätigkeit ausbilden lassen wollen.

(3) Die Kündigung muss schriftlich und in den Fällen des Absatzes 2 unter Angabe der Kündigungsgründe erfolgen.

(4) Eine Kündigung aus einem wichtigen Grund ist unwirksam, wenn die ihr zugrunde liegenden Tatsachen dem zur Kündigung Berechtigten länger als zwei Wochen bekannt sind. Ist ein vorgesehenes Güteverfahren vor einer außergerichtlichen Stelle eingeleitet, so wird bis zu dessen Beendigung der Lauf dieser Frist gehemmt.

a) Der Auszubildende kündigt telefonisch sofort aus wichtigem Grund und setzt seine Ausbildung bei einem konkurrierenden Unternehmen fort. ☐

b) Der Arbeitsgeber kündigt bei vorliegender Abmahnung aus ähnlichem Fall fristlos und mündlich gleich nach dem Streit. ☐

c) Der Ausbilder hat sich sechs Wochen später erneut über den Auszubildenden geärgert und ihn wegen des unentschuldigten Fehlens in Köln aus wichtigem Grund gekündigt. ☐

d) Dem Auszubildenden wurde sofort nach dem Streit und dem Fernbleiben per Telefon gekündigt. ☐

e) Der Vorgesetzte kündigt dem Auszubildenden schriftlich aus dem genannten wichtigen Grund (Arbeitsverweigerung und unentschuldigtes Fernbleiben vom Ausbildungsplatz). ☐

5. Welche betriebsverfassungsrechtliche Organisation könnte einem Auszubildenden Auskunft über die Zulässigkeit einer Anweisung eines Vorgesetzten geben? (Bitte ankreuzen)

a) Gewerkschaft ☐

b) Betriebsrat ☐

c) Ausbildungsberater der IHK ☐

d) Betriebliche Einigungsstelle ☐

e) Arbeitsgericht ☐

6. Jugendliche Auszubildende bei der PALM KG diskutieren, ob sie einen längeren Arbeitseinsatz ablehnen können. Welche Aussagen sind rechtlich korrekt? (Bitte ankreuzen)

a) Eine Arbeitszeit von über 8,5 Arbeitsstunden ist zulässig, wenn die Mehrstunden vergütet werden. ☐

b) Eine Arbeitszeit von über 8,5 Stunden ist zulässig, wenn die Mehrstunden durch Freizeit ausgeglichen werden. ☐

c) Der Ausfall des Berufsschulunterrichts ist nur bei wichtigen Aufträgen gestattet. ☐

d) Eine Arbeitszeit von mehr als 8,5 Stunden ist auch bei Freizeitausgleich in den Folgetagen verboten. ☐

e) 18-jährige Auszubildende können im Rahmen des Ausbildungsvertrags bzw. des Tarifvertrags auch zu einer Arbeitszeit von mehr als neun Stunden verpflichtet werden. ☐

f) Eine Auszubildende lehnt weitere Überstunden mit der Begründung ab, dass sie im ersten Ausbildungsjahr bereits 50 Überstunden angesammelt habe und bisher kein Freizeitausgleich gewährt wurde. ☐

g) Sollten Mitarbeiter in besonderen Notfällen nicht zur Verfügung stehen, können jugendliche Auszubildende auch mit einer Arbeitszeit von zehn Arbeitsstunden für unaufschiebbare Arbeiten eingesetzt werden. ☐

7. Nach der Probezeit will Mara die Ausbildung beenden. Geben Sie an, welche Aussage den gesetzlichen Bestimmungen des BBiG entspricht. (Bitte ankreuzen)

a) Sie kann die Ausbildung jederzeit mit einer Frist von vier Tagen kündigen. ☐

b) Sie kann das Ausbildungsverhältnis nur im beiderseitigen Einverständnis kündigen. ☐

c) Eine Kündigung ist nur möglich, wenn sie den Ausbildungsberuf wechselt. ☐

d) Sie kann die Ausbildung mit einer Kündigungsfrist von vier Wochen schriftlich beenden, wenn sie die Ausbildung abbrechen will oder eine andere Berufsausbildung aufnehmen will. ☐

e) Sie kann die Ausbildung vor der Zwischenprüfung jederzeit kündigen. ☐

8 Welche Angaben sind nach BBiG nicht Bestandteil des Ausbildungsvertrages? (Bitte ankreuzen)

a) Dauer der Probezeit ☐

b) Anzahl der Urlaubstage ☐

c) Hinweis auf Kündigungsmöglichkeiten ☐

d) Nennung des Prüfungstermins ☐

e) Ausbildungsmaßnahmen außerhalb des Ausbildungsbetriebs ☐

f) Name des Ausbildenden ☐

g) Höhe der Ausbildungsvergütung ☐

h) Tag und Dauer des Berufsschulunterrichts ☐

4 Wir beachten Mitbestimmungsrechte und Tarifrecht im Unternehmen

4.3 Die Bedeutung von Tarifverträgen begründen

Aufgaben Kapitel 4.3, S. 103, Aufgabe 6

Zusatzaufgaben Mitbestimmungsrechte und Tarifrecht, Jugendarbeitsschutzgesetz, Mitarbeiterschutz

1. Was ist richtig, was ist falsch? (Bitte ankreuzen)

	richtig	falsch
a) Gesetzliche Grundlage für die Berufsausbildung ist der Tarifvertrag.	☐	☐
b) Das Mitbestimmungsgesetz regelt die Bildung eines Betriebsrates.	☐	☐
c) Das Betriebsverfassungsgesetz regelt die Bildung eines Betriebsrates.	☐	☐

	richtig	falsch
d) Eine Jugendvertretung kann bei fünf Auszubildenden unter 25 Jahren eingerichtet werden.	☐	☐
e) Ohne Tarifvertrag können durch Betriebsvereinbarung Regelungen im Betrieb getroffen werden.	☐	☐
f) Für Betriebsvereinbarungen ist kein Betriebsrat nötig.	☐	☐
g) Ein Streik kann nur per Urabstimmung mit mind. 75 % der Mitglieder beschlossen werden.	☐	☐
h) Nach Ende des Tarifvertrages gilt noch eine Friedenspflicht von acht Wochen.	☐	☐
i) Während des Streiks können Arbeitgeber Mitarbeiter aussperren.	☐	☐
j) Während des Streiks erhalten alle Mitarbeiter von der Gewerkschaft Streikgeld.	☐	☐
k) Tarifverträge können vom Bundesministerium für allgemeinverbindlich erklärt werden und sind dann für alle Betriebe gültig.	☐	☐
l) Die Jugend- und Auszubildendenvertretung kann Beschlüsse des Betriebsrates auf Antrag für eine Woche aussetzen.	☐	☐
m) Nach Jugendschutzgesetz ist die Beschäftigung von Kindern unter 14 Jahren verboten.	☐	☐
n) Ab 14 Jahren können Kinder mit Erlaubnis der Sorgeberechtigten täglich bis zu zwei Stunden einer Beschäftigung mit leichten Tätigkeiten nachgehen.	☐	☐
o) Mehrarbeit von Jugendlichen ist in den nächsten drei Wochen auszugleichen.	☐	☐
p) Die Wartezeit für einen vollen Jahresurlaub beträgt 6 Monate.	☐	☐

2. Ordnen Sie eine der Aussagen a) bis e) richtig zu:

Ausbildungsrahmenplan: ____________

Rahmenlehrplan: ____________

Berichtsheft: ____________

Berufsbildungsgesetz: ____________

Ausbildungsplan: ____________

a) Wird vom Betrieb (Ausbilder) erstellt.

b) Muss vor der Abschlussprüfung vorgelegt werden.

c) Grundlage für den Unterricht in der Berufsschule.

d) Gesetzlicher Rahmen für die Ausgestaltung des Berufsausbildungsverhältnisses.

e) Enthält gemeinsame inhaltliche Vorgaben für die betriebliche Ausbildung.

3. Setzen Sie die richtige Zahl bzgl. der Aussagen zum Betriebsrat ein:

a) Mindestzahl von Arbeitnehmern für die Einrichtung eines Betriebsrates? ____________

b) Mindestalter der Wahlberechtigten für den Betriebsrat? ____________

c) Amtszeit des Betriebsrates in Jahren? ____________

d) Wie viele Jahre nach der Amtszeit haben Betriebsratsmitglieder Kündigungsschutz? ____________

e) Anzahl Wahlberechtigte mindestens für die Beantragung eines Betriebsrates? ____________

4. Im Ausbildungsbetrieb wird der Fall eines Streiks diskutiert. Sie werden gefragt, welche Auswirkungen ein Streik auf die Ausbildungsvergütung hat, wenn man nicht Mitglied der Gewerkschaft ist. (Bitte ankreuzen)

a) Die Gewerkschaft zahlt die Ausbildungsvergütung. ☐

b) Auch während des Streiks und der Nichtbeschäftigung erhalten Sie Ausbildungsvergütung. ☐

c) Die Ausbildungsvergütung wird als Ausfallgeld von der Agentur für Arbeit getragen. ☐

d) Sie erhalten keine Unterstützung von der Agentur für Arbeit und keine Ausbildungsvergütung. ☐

e) Dauert der Streik über 6 Wochen, erhalten Sie keine Ausbildungsvergütung mehr. ☐

5. Der 17-jährige Tim (Geburtstag 10.12.) und die 16 jährige Sandra (Geburtstag 24.02.) haben ihre Ausbildung am 01.09. dieses Jahres begonnen. Nach Bundesurlaubsgesetz beträgt der Urlaub mindestens 24 Werktage. Klären Sie anhand des Auszugs aus dem Jugendarbeitsschutzgesetz die folgenden Fragen:

a) Müssen Tim und Sandra im Urlaub die Berufsschule besuchen und einen Urlaubstag für die Schule opfern? (Bitte ankreuzen)	**Berufsschule**	
	Ja	Nein
	Urlaubstag	
	Ja	Nein
b) Könnten beide nach den gesetzlichen Regelungen in den Herbstferien am 01.11. für eine Woche Urlaub nehmen?		
	Ja	Nein
	Anspruch 31.12.	Anspruch folgendes Jahr
	Urlaubstage	Urlaubstage
c) Welchen Urlaubsanspruch hätten beide am 31.12. erworben und für das folgende Jahr?		

Jugendarbeitsschutzgesetz § 19 Urlaub (Auszug)

Kündigung

(1) Der Arbeitgeber hat Jugendlichen für jedes Kalenderjahr einen bezahlten Erholungsurlaub zu gewähren.

(2) Der Urlaub beträgt jährlich
1. mindestens 30 Werktage, wenn der Jugendliche zu Beginn des Kalenderjahres noch nicht 16 Jahre alt ist,
2. mindestens 27 Werktage, wenn der Jugendliche zu Beginn des Kalenderjahres noch nicht 17 Jahre alt ist,
3. mindestens 25 Werktage, wenn der Jugendliche zu Beginn des Kalenderjahres noch nicht 18 Jahre alt ist.

(3) Der Urlaub soll Berufsschülern in der Zeit der Berufsschulferien gegeben werden. Soweit er nicht in den Berufsschulferien gegeben wird, ist für jeden Berufsschultag, an dem die Berufsschule während des Urlaubs besucht wird, ein weiterer Urlaubstag zu gewähren.

Aufgabe Abschlussreflektion Lernfeld 1, S. 118

Überprüfen Sie Ihre Rolle im Ausbildungsbetrieb mit der Kopfstandmethode.

Rolle im Betrieb mit der Kopfstandmethode verstehen und reflektieren

Anforderungen	Hinweise entsprechend dem Ausbildungsstand berücksichtigen	Schlechte Beispiele nach der Kopfstandmethode
Werden Sie Ihrer Rolle im Betrieb gerecht.	Integrieren Sie sich als Auszubildender in die betriebliche Struktur und erfüllen Sie die Erwartungen situationsgerecht.	
Stellen Sie sich realistische Ziele.	Schätzen Sie Ihr Leistungsvermögen kritisch ein. Setzen Sie sich selbstbewusst Ziele entsprechend Ihrem aktuellen Leistungsvermögen. Legen Sie Ihr Arbeitspensum (Wie viel will ich in einer bestimmten Zeit erreichen?) und Ihr Gesprächsergebnis (Welchen Erfolg soll das Gespräch haben?) fest. Beziehen Sie wenn notwendig Ausbilder und Kollegen bei Zielformulierungen und Planungen ein.	
Seien Sie bereit, mit Kollegen zusammenzuarbeiten.	Seien Sie kompromissbereit. Hinterfragen Sie eigene Meinungen aufgrund anderer Argumente und ändern Sie bei Bedarf die eigene Meinung. Beachten Sie höhergestellte Stellen und verhalten sich entsprechend bei der Zusammenarbeit. Seien Sie tolerant gegenüber anderen Persönlichkeiten. Die Aufgabenerfüllung steht über den persönlichen Befindlichkeiten gegenüber Kollegen.	
Erledigen Sie ihre Aufgabenstellungen soweit möglich selbstständig. Nehmen Sie anstehende Arbeiten aufmerksam wahr und erledigen Sie diese unaufgefordert und eigenverantwortlich.	Erkennen Sie den eigenen Handlungsbedarf für notwendige, erforderliche Tätigkeiten im Rahmen ihrer zugewiesenen Aufgaben. Seien Sie motiviert, auch unaufgefordert Tätigkeiten zu übernehmen, die im Rahmen Ihrer Möglichkeiten liegen. Fühlen Sie sich für anstehende Aufgaben verantwortlich, haben Sie dazu eine positive Einstellung und übernehmen Sie diese Aufgaben motiviert. Informieren Sie sich aus eigener Initiative über die Vorgehensweise unter Berücksichtigung betrieblicher Vorschriften. Führen Sie Tätigkeiten gewissenhaft, ordentlich, rational und rationell aus.	
Wenden Sie Arbeitsstrategien an und finden Sie je nach Ausbildungsstand selbstständig Lösungen.	Gehen Sie Aufgabenstellungen grundsätzlich planvoll an. Informieren Sie sich über Unterstützungen (Personen, Einrichtungen, Werkzeuge) zur Lösung von Aufgaben. Befragen Sie zur Vorgehensweise Ausbilder und Kollegen. Nutzen Sie vorhandenes Wissen zur selbstständigen Bearbeitung von Aufgabenstellungen. Beschaffen Sie sich gezielt und selbstständig die zur Bearbeitung von Aufgabenstellungen notwendigen Informationen. Suchen Sie Lösungsmöglichkeiten, um den Anforderungen gerecht zu werden. Sehen Sie voraus, welche Auswirkungen Ihr Handeln im Betrieb auf Geschäftsbeziehungen, Kollegen und sie selbst haben. Beziehen Sie bei Zweifeln Kollegen oder Ausbilder ein.	

Anforderungen	Hinweise entsprechend dem Ausbildungsstand berücksichtigen	Schlechte Beispiele nach der Kopfstandmethode
Seien Sie in der Lage, sich schwierigen Situationen zu stellen und situationsgerecht gegen innere Widerstände anzukämpfen.	Nutzen Sie bei schwierigen Situationen bei Bedarf für die eigenständige Lösung Unterstützungssysteme (Personen, Einrichtungen, Werkzeuge). Hinterfragen Sie, inwieweit die Unterstützungssysteme/Hilfen zur eigenständigen Lösung des Problems beitragen können. Bleiben Sie in schwierigen Situationen motiviert, sich zu engagieren. Bei Anforderungen, zu denen sie keine positive Haltung haben, arbeiten sie an ihrer Einstellung und motivieren sich selbst. Bei Misserfolgen geben sie nicht auf, sondern sind weiterhin motiviert und engagiert, positive Lösungen zu finden.	
Zeigen Sie Durchhaltevermögen und sich motiviert.	Arbeiten Sie über einen längeren Zeitraum konzentriert und teilen Sie ihre Kräfte sinnvoll ein. Reflektieren Sie Ihre Lebensweise. Arbeiten Sie auch nach Misserfolgen motiviert.	
Kontrollieren Sie kontinuierlich Ihre Arbeitsergebnisse und bessern Sie diese selbstständig und eigenverantwortlich nach.	Legen Sie fest, in welchen Abständen und in welcher Weise Sie Ihre Arbeitsergebnisse kontrollieren. Erstellen Sie Checklisten. Hinterfragen Sie, inwieweit Hilfen zur eigenständigen Lösung des Problems beitragen können. Seien Sie bereit, für das Arbeitsergebnis Verantwortung zu übernehmen. Gestehen Sie sich Fehler ein und seien Sie bereit, aus Fehlern zu lernen.	
Hinterfragen Sie Ihre eigene Einstellung, respektieren Sie die Vorstellungen anderer und ziehen Sie Schlussfolgerungen für Ihr zukünftiges Handeln.	Prüfen Sie kritisch die eigene Arbeitshaltung durch Selbstbetrachtung. Reflektieren und respektieren Sie Rückmeldungen und Meinungen anderer. Bemühen Sie sich kontinuierlich und eigenverantwortlich um eine gute Einstellung zur Arbeit.	
Nehmen Sie konstruktives Feedback an und beachten Sie dies bei zukünftigen Handlungen.	Seien Sie bereit, ein Feedback anzuhören, bleiben Sie sachlich und geben Sie keinen Kommentar ab. Entscheiden Sie sich, ggf. das Feedback anzunehmen und passen Sie das eigene Verhalten ggf. an.	

Quelle: Curriculumanalyse, S. 9 - 13

Lernfeld 2 Büroprozesse gestalten und Arbeitsvorgänge organisieren

1 Wir gestalten Arbeitsraum, Arbeitsplatz und Arbeitsumgebung

1.1 Die Bearbeitung der Lernsituation planen

Aufgaben Kapitel 1.1, Zusatzaufgaben

1. Ordnen Sie die Begriffe „Ökologie, Ergonomie, Gesundheit“ richtig zu und skizzieren Sie ein aus Ihrer Sicht passendes Bild als Merkhilfe:

Definition	Begriff	Bild
Sie kümmert sich um eine menschengerechte Gestaltung der Arbeitsmittel und Arbeitsumgebung.		
Ihr Ziel ist das Wohlbefinden des Menschen.		
Sie stellt die umweltgerechte Gestaltung der Büroarbeit in den Mittelpunkt.		

2. Ordnen Sie zu: Stammen die folgenden Auszüge aus dem Arbeitsschutzgesetz (ArbSchG) oder aus der Arbeitsstättenverordnung (ArbStättV)?

§§ Textauszug	ArbSchG oder ArbStättV
Dieses Gesetz dient dazu, Sicherheit und Gesundheitsschutz der Beschäftigten bei der Arbeit durch Maßnahmen des Arbeitsschutzes zu sichern und zu verbessern.	
Maßnahmen des Arbeitsschutzes im Sinne dieses Gesetzes sind Maßnahmen zur Verhütung von Unfällen bei der Arbeit und arbeitsbedingten Gesundheitsgefahren einschließlich Maßnahmen der menschengerechten Gestaltung der Arbeit.	
Verkehrswege, Fluchtwege und Notausgänge müssen ständig freigehalten werden, damit sie jederzeit benutzt werden können.	
Die Arbeit ist so zu gestalten, dass eine Gefährdung für Leben und Gesundheit möglichst vermieden [...] wird.	
Der Arbeitgeber hat Sicherheitseinrichtungen zur Verhütung oder Beseitigung von Gefahren, insbesondere Sicherheitsbeleuchtungen, Feuerlöscheinrichtungen, Signalanlagen, Notaggregate und Notschalter sowie raumlufttechnische Anlagen, in regelmäßigen Abständen sachgerecht zu warten und auf ihre Funktionsfähigkeit prüfen zu lassen.	
Der Arbeitgeber hat entsprechend der Art der Arbeitsstätte und der Tätigkeiten sowie der Zahl der Beschäftigten die Maßnahmen zu treffen, die zur Ersten Hilfe, Brandbekämpfung und Evakuierung der Beschäftigten erforderlich sind.	
Diese Verordnung dient der Sicherheit und dem Gesundheitsschutz der Beschäftigten beim Einrichten und Betreiben von Arbeitsstätten.	
Der Arbeitgeber hat diejenigen Beschäftigten zu benennen, die Aufgaben der Ersten Hilfe, Brandbekämpfung und Evakuierung der Beschäftigten übernehmen.	

§§ Textauszug	ArbSchG oder ArbStättV
Der Arbeitgeber hat die Beschäftigten über Sicherheit und Gesundheitsschutz bei der Arbeit während ihrer Arbeitszeit ausreichend und angemessen zu unterweisen.	
Der Arbeitgeber hat die erforderlichen Maßnahmen zu treffen, damit die nicht rauchenden Beschäftigten in Arbeitsstätten wirksam vor den Gesundheitsgefahren durch Tabakrauch geschützt sind.	
Die Beschäftigten sind berechtigt, dem Arbeitgeber Vorschläge zu allen Fragen der Sicherheit und des Gesundheitsschutzes bei der Arbeit zu machen.	
Arbeitsstätten sind Orte in Gebäuden oder im Freien, die sich auf dem Gelände eines Betriebes [...] befinden und die zur Nutzung für Arbeitsplätze vorgesehen sind.	
Arbeitsplätze sind Bereiche von Arbeitsstätten, in denen sich Beschäftigte bei der von ihnen auszuübenden Tätigkeit regelmäßig über einen längeren Zeitraum oder im Verlauf der täglichen Arbeitszeit nicht nur kurzfristig aufhalten müssen.	
Zur Arbeitsstätte gehören auch: 1. Verkehrswege, Fluchtwege, Notausgänge, 2. Lager-, Maschinen- und Nebenräume, 3. Sanitärräume (Umkleide-, Wasch- und Toilettenräume), 4. Pausen- und Bereitschaftsräume, 5. Erste-Hilfe-Räume, 6. Unterkünfte.	
Der Arbeitgeber hat durch eine Beurteilung der für die Beschäftigten mit ihrer Arbeit verbundenen Gefährdung zu ermitteln, welche Maßnahmen des Arbeitsschutzes erforderlich sind.	
Der Arbeitgeber hat solche Arbeitsräume bereitzustellen, die eine ausreichende Grundfläche und Höhe sowie einen ausreichenden Luftraum aufweisen.	

3. Erstellen Sie sich eine Mindmap, in der Sie relevante gesetzliche Vorschriften bezüglich der Gestaltung des Anbaus notieren. Ordnen Sie die folgenden Stichworte den gesetzlichen Vorschriften zu: Mitwirkung des Betriebsrats, Durchführung von Maßnahmen des Arbeitsschutzes, Pflicht des Arbeitgebers zur Gefährdungsbeurteilung, Unfallverhütungsvorschriften, Anforderungen an die Tastatur, Sicherheit der Arbeitnehmer bei der Arbeit, Anforderungen an die Arbeitsumgebung, Informationen, Anforderungen an das Bildschirmgerät, Beratungsrecht bei Neuerungen, Nichtraucherschutz, Gesundheitsschutz der Arbeitnehmer, Anforderungen an die Raumgröße, Bürostuhl, Regeln, Standards, Papierformate, Anforderungen an die Arbeitsumgebung.

1.4 Den Arbeitsraum gestalten

Aufgaben Kapitel 1.4, Zusatzaufgabe

31.08.2012

Ende der Glühbirne

Die Tücken der neuen Energiesparlampen im Test

Ob LED-Lampen, Kompaktleuchtstofflampen oder Halogenglühlampen: Die Stiftung Warentest hat alle Alternativen zur „alten" Birne geprüft: Gut und auf lange Sicht auch billig ist nur ein Lampentyp.

Von Wolfgang W. Merkel

Heute ist der letzte Tag, an dem Glühlampen in der EU in Verkehr gebracht werden dürfen. Ein sofortiges Abgabeverbot gibt es aber nicht, der Handel darf seine Bestände noch unter die Leute bringen.

Die alternativen Kompaktleuchtstofflampen sind zwar einerseits schon relativ weit verbreitet, aber doch auch viel geschmäht. Sie sind nicht nur teurer in der Anschaffung – vor allem jene, die gedimmt werden können –, sie strahlen vielen auch in zu kaltem Licht.

Der Berliner Schlafmediziner Dieter Kunz warnt sogar, dass das bläuliche Licht am Abend „genossen" den nachfolgenden Schlaf stören kann, weil die Ausschüttung des Schlafhormons Melatonin gestört wird.

Die Stiftung Warentest hat alle Alternativen zur „alten" Birne getestet und berichtet im September-Heft von „Test" darüber. Sparlampen in Kerzenform mit dem kleinen Schraubsockel E14: acht LED-Lampen, acht Kompaktleuchtstofflampen sowie vier Halogenglühlampen.

Ganz vergleichbar sind die hier getesteten Produkte leider nicht, sie unterscheiden sich in der Leuchtkraft. LED- und Halogen-Typen leuchten etwa so hell wie eine „alte" 30-Watt-Birne, die Kompaktleuchtstofflampen wie eine 40-Watt-Birne.

Warmes Licht ist insgesamt teuer

Das Fazit der Tester: Es gibt „gute" Alternativen zur Glühbirne, die mit Noten von 1,6 bis 1,9 bedacht wurden. Dabei handelt es sich ausschließlich um LED-Lampen. Die sparen kräftig Energie und haben eine Farbcharakteristik, die der Glühbirne relativ nahe kommt.

Sie sind mit zwölf bis 26 Euro im Kauf zwar zwei- bis dreimal teurer als Kompaktleuchtstofflampen (fünf bis zehn Euro), doch die Anschaffung lohnt dennoch, weil die LEDs weit länger halten als andere Lampen.

Ein LED-Strahler wurde so auch Testsieger und bekam die Kaufempfehlung von „Test": Osram LED Superstar Classic B 25 für zirka 18,00 Euro.

Nicht alle LED-Lampen gut

Nicht in jedem Fall schnitten die LED-Lampen aber gut ab, es gab auch eine „ausreichende" und eine „mangelhafte". Das Produkt „16east" schaltet sich bei längerer Leuchtzeit wegen Überhitzung selbst ab.

Das ist unangenehm und kann dazu verleiten, die Lampe für kaputt zu halten und sie wegzuwerfen. Nach einiger Wartezeit schaltet sie sich aber wieder ein.

Die Paulmann-LED wiederum war im Test rasch kaputt, bot deutlich weniger Licht als versprochen und flimmerte zudem, was manchem Kopfschmerzen bereiten könnte. Auch das Sylvania-Produkt war nicht gänzlich frei von Flimmern.

Kompaktleuchtstofflampen bestenfalls befriedigend

Der Kompaktleuchtstofftyp spart im Vergleich zur „alten Birne" ebenfalls kräftig Strom. Er kam dennoch bestenfalls auf „Befriedigend". Zum einen, weil er recht lange bis zum Erreichen der vollen Leuchtkraft braucht.

Das zeigt, dass die Hersteller in diesem Lampentyp Quecksilber nicht mehr in flüssiger Form verwenden, sondern in fester als Amalgam. Dadurch ist die Vergiftungsgefahr beim Zerbrechen der Lampe gebannt.

Weiteres Manko: Ihr Licht wird farblich meist nicht als so angenehm empfunden wie bei den (im Übrigen völlig quecksilberfreien) LED-Lampen. Und sie halten auch nicht so lange. Dafür sind sie billiger als diese.

Halogenglühlampen mit warm leuchtendem Draht

Schließlich die Halogenglühlampen. Sie enthalten wie die konventionelle Glühbirne einen warm leuchtenden Draht, in diesem Fall in einem mit Edelgas gefüllten Kolben. Wer keinerlei Abstriche beim sanften Farbton machen will, greift zu ihnen.

Klar ist aber: Im Vergleich zu den Konkurrenten gehen sie rasch kaputt (Brenndauer: ca. 1 500 Stunden, LED: ca. 15 000) und sparen nur wenig Energie ein: 15 Prozent gegenüber den bisherigen Glühlampen (Kompaktleuchtstoff: 78 Prozent, LED: 85 Prozent).

Auf Dauer zu teuer

Zwar billig im Kauf, sind sie so auf Dauer die mit Abstand teuerste Beleuchtungsmethode. Die gleiche Lichtmenge kostet bei ihnen rund das Dreieinhalbfache gegenüber der LED. Aus diesen Gründen bekamen sie von den Testern auch nur die Gesamtnote „Ausreichend".

Für einige Jahre dürften sie gleichwohl noch zu kaufen sein, jetzt warm leuchtende Glühbirnen zu horten ist also überflüssig.

Und noch ein Tipp der Tester: Teure LED-Lampen lohnen sich vor allem dort, wo das Licht oft und lange brennt. Aber von ihnen abzuraten ist wegen der hohen Erstinvestition in selten beleuchteten Räumen, etwa im Abstellraum.

Die kompletten Testergebnisse finden Sie im September-Heft von „Test" oder unter www.test.de/lampen

Quelle: Wolfgang W. Merkel: Ende der Glühbirne, veröff. am 31.08.2012 unter: www.welt.de/wissenschaft/article108897536/Die-Tuecken-der-neuen-Energiesparlampen-im-Test.html

Weitere Informationen unter https://www.test.de/thema/energiesparlampen/

a) Lesen Sie den Text und markieren Sie Eigenschaften der beschriebenen Lampenarten (LED-Lampen, Kompaktleuchtstofflampen, Halogenglühlampen).

b) Vervollständigen Sie die Übersicht, in dem Sie die Vorzüge und Nachteile der einzelnen Lampenarten gegenüberstellen.

c) Recherchieren Sie im Internet passende Bilder zu den Lampenarten.

d) Entscheiden Sie sich für eine Lampenart, die im neuen Büroanbau der Palm KG eingesetzt werden sollte. Begründen Sie Ihre Wahl.

LED-Lampen	Kompaktleuchtstofflampen	Halogenglühlampen

1.5 Anforderungen an einen Bildschirmarbeitsplatz kennen

Aufgaben Kapitel 1.5, S. 146, Aufgabe 8

1. Überprüfen Sie mithilfe der Checklisten, ob Ihr Arbeitsplatz optimal auf Ihre Bedürfnisse eingerichtet ist.

Richtiges Sitzen

Der Bürostuhl muss auf die individuelle Sitzhöhe eingestellt werden.

Checkliste „Richtiges Sitzen am Arbeitstisch"	☑
Die gesamte Sitzfläche wird genutzt, damit der Rücken immer an der Rückenlehne abgestützt ist.	☐
Der Stuhl ist so eingestellt, dass sich die Sitzfläche in den Knien befindet und die Ober- und Unterschenkel einen Winkel von 90 ° und mehr bilden.	☐
Die Füße stehen ganzflächig auf dem Boden. Ggf. ist eine Fußstütze notwendig.	☐
Die Oberarme hängen locker neben dem Körper. Die Unterarme bilden mit der Tastatur eine Linie. Der Winkel zwischen Ober- und Unterarmen beträgt 90 ° und mehr.	☐
„Dynamisches Sitzen": In regelmäßigen Abständen wird die Sitzhaltung aktiv gewechselt, d. h., die gerade Sitzhaltung wird verlassen und in eine nach vorne bzw. nach hinten geneigte Sitzhaltung geändert. Der Wechsel wird wiederholt: gerade, nach vorne geneigt, gerade, nach hinten geneigt, gerade und so weiter.	☐

Richtige Anordnung der Arbeitsmittel

Bei der Anordnung der Arbeitsmittel ist darauf zu achten, dass eine natürliche Körperhaltung eingenommen wird und Belastungen minimiert werden.

Checkliste „Richtige Anordnung der Arbeitsmittel"	☑
Der Abstand zwischen Augen und Bildschirm, Tastatur und Vorlage ist möglichst gleich, um einen ständigen Sehwechsel zu vermeiden. Der für die Augen optimale Abstand liegt zwischen 50 cm und 70 cm.	☐
Die Tastatur liegt günstig, wenn zwischen ihr und der Tischkante 10 – 15 cm liegen, um die Handballen auflegen zu können.	☐
Die Maus sollte sich mit einer Mausunterlage neben der Tastatur (für Rechtshänder auf der rechten Seite, für Linkshänder auf der linken Seite) befinden.	☐
Der Bildschirm ist leicht nach hinten geneigt. Der Blick zum Bildschirm sollte leicht nach unten gerichtet sein. Dies entspricht der natürlichen Körperhaltung und entlastet den Schulter-Nacken-Bereich.	☐
Arbeitsunterlagen, die während der Bildschirmtätigkeit benötigt werden, sollten sich direkt vor dem Beschäftigten befinden.	☐
Weitere Arbeitsmittel können auch weiter entfernt aufbewahrt werden. Eine griffgünstige Anordnung der Geräte und Unterlagen ermöglicht ein schnelles und wenig belastendes Arbeiten.	☐

2. Erstellen Sie weitere Checklisten zu den Anforderungsbereichen „Arbeitstisch" und „dynamischer Arbeitsstil".

3. Im Internet stellen Berufsgenossenschaften Checklisten für die Bewertung von Büroarbeitsplätzen zur Verfügung (z. B. die Broschüre „Büroarbeit – sicher, gesund und erfolgreich" oder das Faltblatt „Gesund arbeiten am PC" (beide Verwaltungs-Berufsgenossenschaft, www.vbg.de, Beispiele finden Sie auch im DL). Wählen Sie eine Checkliste aus und erstellen Sie eine Bewertung Ihres Büroarbeitsplatzes im Ausbildungsbetrieb und in der Schule.

Checkliste Arbeitssicherheit im Büro

	entdeckt ja/nein	wo?, Bemerkungen
1. Elektrizität:		
Fehlerhafte Verwendung von Verteilersteckern und Verlängerungsleitungen?		
Kabel zu Geräten lose und nicht trittsicher verlegt?		
Beschädigte Geräte, Kabel oder Stecker in Betrieb?		
Falsche Verwendung von Kochutensilien, Heizgeräten, Lampen?		
Geräte nach Büroschluss noch unter Strom?		
2. Freie Wege:		
Verbindungsgänge zum Arbeitsplatz < 0,6 m breit? (DIN 4543-1 und ASR 17/1,2)		
Zugänge zum Einstellen der Heizung oder Öffnen des Fensters < 0,5 m breit? (BGI 650)		
Fenstergriffe, Temperaturregler, Lichtschalter nicht frei zugänglich? (DIN 4543-1 und ASR 17/1,2)		
Werden Sturz- und Stolperfallen festgestellt?		
Werden Verletzungs- und Rutschgefahren festgestellt?		
3. Brandschutz:		
Fehlen Fluchtwegweiser?		
Fehlt die Brandschutzordnung?		
Fehlen Feuerlöscher?		
Fehlen Rauchmelder?		
Werden Schutztüren offen gehalten (z. B. durch Keile)?		
Sind Fluchtwege versperrt?		
Gibt es Geräte und Kabel mit Überhitzungsgefahr?		
Gibt es zu viel leicht entzündliches Material (z. B. Akten, Gardinen)?		
4. Sonstiges:		
Verwenden Sie ungeeignete Aufstiegshilfen, z. B. Trittleitern?		
Fehlt ein Verbandskasten?		
Fehlt ein Verbandbuch, um Unfälle mit weniger als drei Tagen Ausfallzeit zu dokumentieren?		
Welchen Mitarbeitern im Büro fehlen Kenntnisse über Erste-Hilfe-Maßnahmen?		
Es steht nicht für jeden Arbeitsbereich mit Ablagehöhen von mehr als 1,80 m eine Leiter oder ein Tritt bereit.		
Sonstige Anmerkungen:		

Aufgaben Kapitel 1.5, Zusatzaufgabe

Notieren Sie die ergonomischen Anforderungen an einen Bürostuhl.

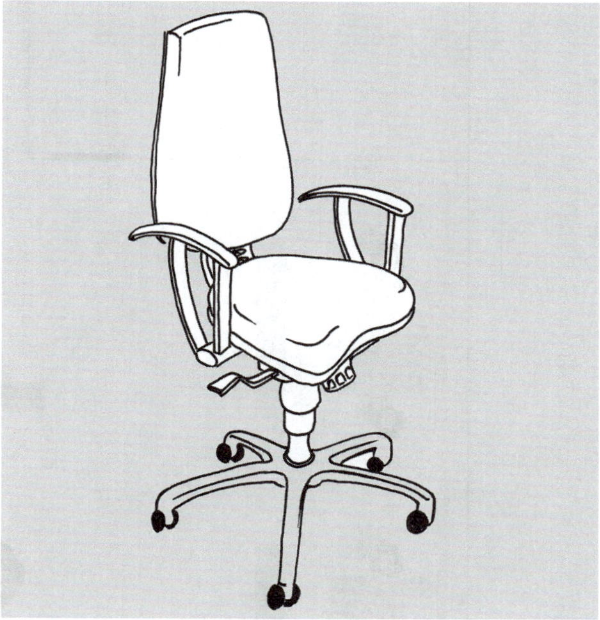

Aufgaben Kapitel 1, Zusatzaufgaben

1. Der von der Palm KG beauftragte Architekt unterbreitet folgenden Vorschlag für den Anbau:

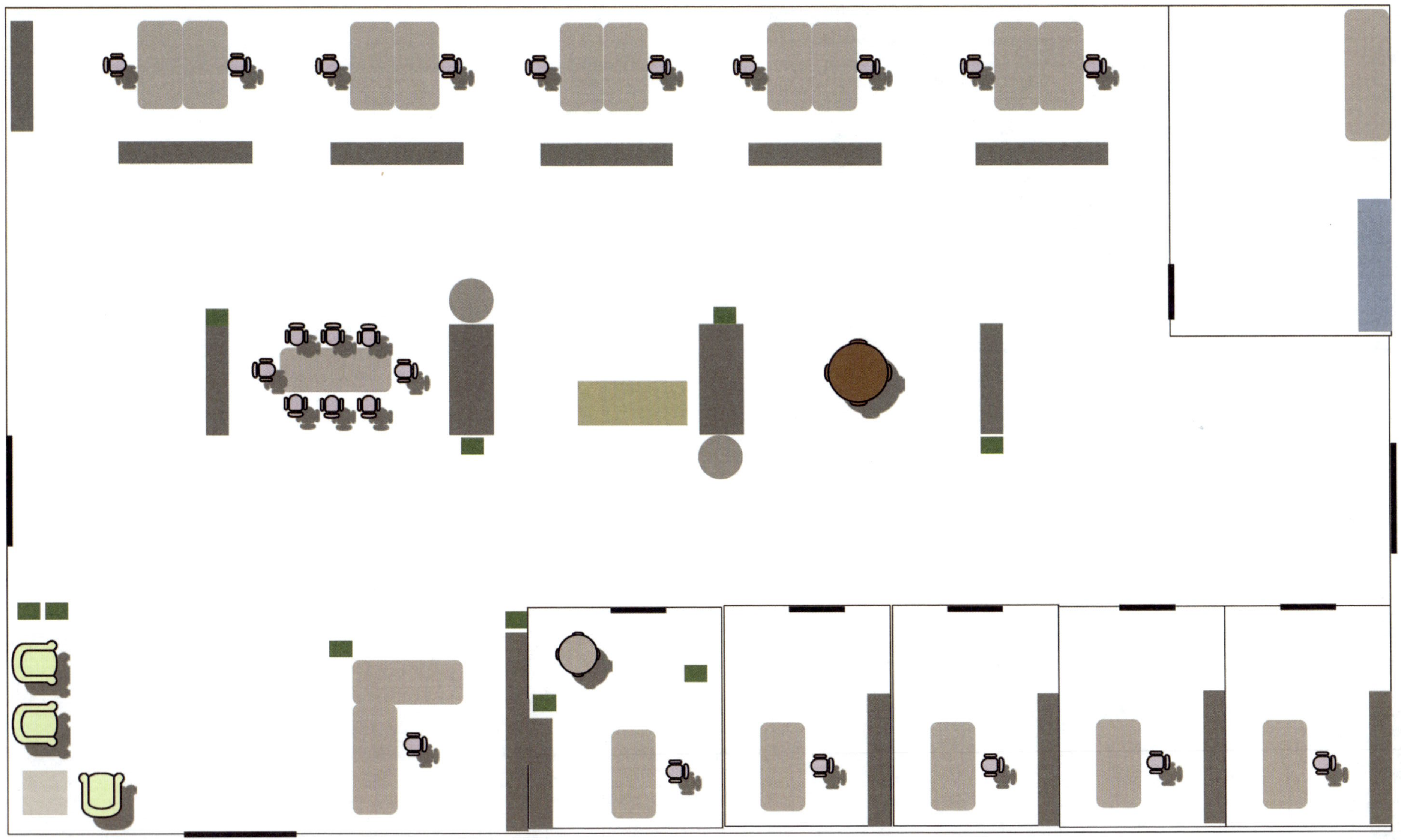

Prüfen und beurteilen Sie den Vorschlag des Architekten, indem Sie folgende Fragen beantworten:

a) Welche rechtlichen Vorschriften sind bei der Gestaltung des Büroanbaus zu berücksichtigen?

b) Ermitteln Sie die durchschnittliche Fläche je Arbeitsplatz und beurteilen Sie die errechnete Größe. Hinweise: Der Anbau hat eine Fläche von 15 x 25 m. Der Verkehrsweg zwischen den beiden Türen ist 1,50 m breit und 25 m lang. Die Fläche für die gemeinsame Nutzung der Bürogeräte und für Besprechungen ist 3 m breit und 25 m lang. Der Pausenraum hat eine Fläche von 6 x 4 m. Gehen Sie davon aus, dass die restliche Fläche zur Berechnung der Durchschnittsfläche für die Arbeitsplätze zugrunde liegt.

Ermittlung der Restfläche	Ermittlung der Anzahl der Arbeitsplätze

Berechnung der Durchschnittsfläche

Beurteilung

c) Welche Art des Büroraums wird von dem Architekten vorgeschlagen? Begründen Sie Ihre Antwort.

d) Welche Vorteile sehen Sie bei der Gestaltung?

e) Welche Nachteile könnten auftreten?

f) Welche grundlegenden Bestimmungen müssen hinsichtlich Raumklima, Beleuchtung, Lärm und Farbe bei der Gestaltung des Arbeitsraumes beachtet werden?

Raumklima:

Beleuchtung:

Lärm:

Farbe:

g) Es sollen Leuchten an der Decke zur direkten Beleuchtung angebracht werden. Zeichnen Sie die Position der Leuchten ein. Größe einer Leuchte: 30 x 100 cm.

h) Unterbreiten Sie Vorschläge zur Reduzierung und Minimierung des Lärms.

i) Bereiten Sie die Beschaffung neuer Büromöbel und -geräte vor, indem Sie die nachfolgende Tabelle vervollständigen. Recherchieren Sie je ein Beispiel und prüfen Sie, ob die Anforderungen erfüllt sind.

j) Skizzieren Sie die Anordnung der Büromöbel und -geräte an einem Bildschirmarbeitsplatz.

Vorbereitung zur Beschaffung von Büromöbeln und -geräten (zu Aufgabe 1i)

Büromöbel/-gerät	Anforderungen	erfüllt ☑	Label
Bürostuhl	kipp- und rollsichere Konstruktion: ______	☐	
	Sitzhöhe: ______	☐	
	Sitzbreite: ______	☐	
	Sitztiefe: ______	☐	
	Rückenlehne: Höhe: ______	☐	
	Breite: ______	☐	
	Abstützpunkt für den unteren Rücken	☐	
	Mechanik: ______	☐	
	Sonstiges: ______	☐	
	______	☐	
	______	☐	
Arbeitstisch	Fläche: ______	☐	
	feste Höhe: ______	☐	
	höheneinstellbar ______	☐	
	höhenverstellbar ______	☐	
	Oberfläche ______	☐	
	Kanten ______	☐	

Büromöbel/-gerät	Anforderungen	erfüllt ☑	Label
Bürocontainer	Innenausstattung:	☐	
	______________________	☐	
	______________________	☐	
	______________________	☐	
	Oberfläche ______________________	☐	
	standsicher ______________________	☐	
	Kanten ______________________	☐	
Bildschirm	scharfes, kontrastreiches Bild	☐	
	flimmerfreie Darstellung des Bildes	☐	
	mind. 17-Zoll-Bildschirmdiagonale	☐	
	strahlungsarm	☐	
	niedriger Energieverbrauch	☐	
	oben nach hinten neigbar	☐	
Tastatur	unabhängig vom Bildschirm	☐	
	Standard-Tastatur	☐	
	Winkel-Tastatur	☐	
	Delta-Tastatur	☐	
	Neigungswinkel zwischen 0° und 15°	☐	
	Höhe der Grundreihe max. 35 mm	☐	
	Tastenbeschriftung ______________________	☐	

2. Rollenspiel – Arbeitsplatzanalyse

Rollenkarte: Mitarbeitende

Arbeitsplatzanalyse
In Ihrem Büro, das Sie sich zusammen mit Ihrem Kollegen teilen, hat die jährliche Arbeitsplatzanalyse folgende Punkte ergeben:

1. Der Arbeitsplatz ist mit Blickrichtung direkt zum Fenster aufgestellt.
2. Die Kabel für den mit der Kollegin gemeinsam genutzten Drucker liegen frei auf dem Boden.
3. Auf dem Bildschirm spiegelt sich das Licht der Deckenleuchte.
4. Das Raumklima lässt sich durch die Heizung nur schwer regeln, da der Regler durch ein Regal verstellt ist.
5. Die Rückenlehne des Bürostuhls lässt sich nicht mehr einstellen.

Aufgaben

a) Überprüfen Sie, ob die Ergebnisse der Arbeitsplatzanalyse den rechtlichen Vorschriften sowie den Anforderungen an Ergonomie und Gesundheit entsprechen.
b) Unterbreiten Sie ggf. Vorschläge, wie die Situation an Ihrem Arbeitsplatz verbessert werden kann.
c) Sie wollen Ihrer Vorgesetzten die Verbesserungsvorschläge vorstellen. Bereiten Sie sich – mithilfe eines Spickzettels – darauf vor. Beachten Sie die Kommunikationsregeln und eine sachliche Argumentation.

Vorbereitungszeit: 15 Minuten

Rollenkarte: Führungskräfte

Arbeitsplatzanalyse
In dem Zwei-Personen-Büro Ihrer Mitarbeiterin und Ihres Mitarbeiters hat die jährliche Arbeitsplatzanalyse folgende Punkte ergeben:

1. Der Arbeitsplatz ist mit Blickrichtung direkt zum Fenster aufgestellt.
2. Die Kabel für den gemeinsam genutzten Drucker liegen frei auf dem Boden.
3. Auf dem Bildschirm spiegelt sich das Licht der Deckenleuchte.
4. Das Raumklima lässt sich durch die Heizung nur schwer regeln, da der Regler durch ein Regal verstellt ist.
5. Die Rückenlehne des Bürostuhls lässt sich nicht mehr einstellen.

Aufgaben

a) Überprüfen Sie, ob die Ergebnisse der Arbeitsplatzanalyse den rechtlichen Vorschriften sowie den Anforderungen an Ergonomie und Gesundheit entsprechen.
b) Unterbreiten Sie ggf. Vorschläge, wie die Situation an diesen Arbeitsplätzen verbessert werden kann.
c) Ihre Mitarbeiterin will Ihnen ihre Verbesserungsvorschläge vorstellen. Bereiten Sie sich – mithilfe eines Spickzettels – darauf vor. Beachten Sie die Kommunikationsregeln und eine sachliche Argumentation.

Vorbereitungszeit: 15 Minuten

3. Rollenspiel: Ökologie im Büro

Rollenkarten – Mitarbeitende

Papiereinkauf
In Ihrem Unternehmen wird Papier verwendet, das mit dem nebenstehenden Umweltzeichen ausgezeichnet ist. Sie wissen, dass Kopierpapier mit einem hohen Anteil an Altpapier Frischfaserpapier vorzuziehen ist, da dadurch Rohstoffe eingespart werden. Daher wollen Sie Recyclingpapier in Ihrem Unternehmen einführen.

Aufgaben

1. Sammeln Sie Argumente, die für die Verwendung von Recyclingpapier sprechen.
2. Sie wollen Ihrer Vorgesetzten die Argumente vorstellen. Bereiten Sie sich – mithilfe eines Spickzettels – darauf vor. Beachten Sie die Kommunikationsregeln und eine sachliche Argumentation.

Vorbereitungszeit: 10 Minuten

Stromverbrauch
In den vergangenen Tagen haben Sie als Letzte das Büro verlassen. Dabei haben Sie bemerkt, dass einige Computer, Bildschirme und Drucker abends noch laufen. Auch die Kaffeemaschine in der Büroküche war noch angeschaltet. Sie möchten anregen, dass sich dies ändert. Es könnte Strom gespart und gleichzeitig die Umwelt geschützt werden. Außerdem ist für den Brandschutz Sorge zu tragen.

Aufgaben
1. Sammeln Sie Vorschläge, wie die Situation geändert werden könnte.
2. Sie wollen Ihrer Vorgesetzten die Argumente vorstellen. Bereiten Sie sich – mithilfe eines Spickzettels – darauf vor. Beachten Sie die Kommunikationsregeln und eine sachliche Argumentation.

Vorbereitungszeit: 10 Minuten

Mülltrennung
In Ihrem Büro gibt es Abfallbehälter für Papier, den Gelben Sack und Restmüll. Die Mülltrennung funktioniert gut. Immer wieder landen Glasflaschen im Restmüll. Batterien, nicht mehr verwendete CDs/DVDs, gebrauchte Tonerkartuschen fallen auch regelmäßig an. Jedes Mal diskutieren Sie mit Ihrer Kollegin, wer diese Wertstoffe mit nach Hause nimmt und sie den Wertstoffbehältern im Handel zukommen lässt. Das möchten Sie ändern. Die wertvollen Rohstoffe sollen der Wiederverwertung zur Verfügung gestellt werden.

Aufgaben
1. Sammeln Sie Vorschläge, wie Sie die Mülltrennung verändern können.
2. Sie wollen Ihrer Vorgesetzten die Argumente vorstellen. Bereiten Sie sich – mithilfe eines Spickzettels – darauf vor. Beachten Sie die Kommunikationsregeln und eine sachliche Argumentation.

Vorbereitungszeit: 10 Minuten

Rollenkarten – Führungskräfte

Papiereinkauf
In Ihrem Unternehmen wird Papier verwendet, das mit dem nebenstehenden Umweltzeichen ausgezeichnet ist. Dies entspricht Ihren Unternehmensleitlinien zur Nachhaltigkeit. Recyclingpapier, das aus 100 % Altpapier hergestellt wird, ist Ihrer Meinung nach optisch nicht ansprechend und zu teuer.

FSC®

Aufgaben
1. Sammeln Sie Argumente, die für und gegen die Verwendung von Recyclingpapier sprechen.
2. Ihre Mitarbeiterin will Ihnen die Argumente vorstellen. Bereiten Sie sich – mithilfe eines Spickzettels – darauf vor. Beachten Sie die Kommunikationsregeln und eine sachliche Argumentation.

Vorbereitungszeit: 10 Minuten

Stromverbrauch
Der Stromverbrauch in Ihrem Unternehmen ist seit langem auf einem stabilen Niveau. Jedoch sind Sie immer wieder auf der Suche nach weiteren Einsparmöglichkeiten.

Aufgaben
1. Sammeln Sie Vorschläge, wie der Stromverbrauch reduziert werden könnte.
2. Ihre Mitarbeiterin will Ihnen die Vorschläge vorstellen. Bereiten Sie sich – mithilfe eines Spickzettels – darauf vor. Beachten Sie die Kommunikationsregeln und eine sachliche Argumentation.

Vorbereitungszeit: 10 Minuten

Mülltrennung

In Ihrem Büro gibt es Abfallbehälter für Papier, den Gelben Sack und Restmüll. Die Mülltrennung funktioniert gut. Immer wieder landen jedoch Glasflaschen im Restmüll. Batterien, nicht mehr verwendete CDs/DVDs, gebrauchte Tonerkartuschen fallen auch regelmäßig an. Jedes Mal diskutieren Sie mit Ihren Mitarbeiterinnen und Mitarbeitern, wer diese Wertstoffe mit nach Hause nimmt und sie den Wertstoffbehältern im Handel zukommen lässt. Das möchten Sie ändern. Die wertvollen Rohstoffe sollen der Wiederverwertung zur Verfügung gestellt werden.

Aufgaben

1. Sammeln Sie Vorschläge, wie die Mülltrennung verändert werden könnte.
2. Ihre Mitarbeiterin will Ihnen die Vorschläge vorstellen. Bereiten Sie sich – mithilfe eines Spickzettels – darauf vor. Beachten Sie die Kommunikationsregeln und eine sachliche Argumentation.

🕔 Vorbereitungszeit: 10 Minuten

4. Begriffe wiederholen: „Gestaltung von Arbeitsraum, Arbeitsplatz und Arbeitsumgebung"

a) Legen Sie Ihre Unterlagen beiseite. Markieren Sie die Begriffe, die Sie mit mindestens einem zusammenhängenden Satz erklären können.

Ergonomie	Ökologie	Maßnahmen gegen Lärm im Büro	Maßnahmen für ein optimales Raumklima
Bildschirmarbeits-verordnung	Arbeitsstätten-verordnung	Zellenbüro	Großraumbüro
Gruppenbüro	Kombibüro	reversibles Büro	non-territoriales Büro
Business-Club	Beleuchtungsniveau	Direkt-/Reflexblendung	Beleuchtungsarten
Leuchtdichteverteilung	Raumklima	Raumtemperatur	Luftfeuchtigkeit
Luftbewegung	Luftqualität	Lärm	Lärmquellen
Richtwert für Lärm	Farbgestaltung in Räumen	Abfallvermeidung	Abfallentsorgung
ökologische Materialien und Produkte	umweltbewusster Umgang mit Bürogeräten und -materialien	Bildschirmarbeitsplatz	Anforderungen an den Bildschirm
Anforderungen an Tastatur und Maus	Anforderungen an den Bürostuhl	Anforderungen an den Arbeitstisch	Anordnung der Arbeitsmittel auf dem Arbeitstisch
richtiges Sitzen	richtige Tischhöhe	dynamisches Sitzen	dynamischer Arbeitsstil

b) Setzen Sie sich anschließend in Dreiergruppen zusammen, um in einer Fragerunde die Begriffe, die Sie nicht erläutern können, gemeinsam zu klären.

c) Setzen Sie sich in neugebildeten Vierergruppen zusammen und bringen Sie die Begriffe in eine für Ihre Gruppe sinnvolle Struktur. Wichtig ist, dass Sie Zusammenhänge zwischen den Begriffen aufzeigen.

d) Nummerieren Sie Ihre Gruppenmitglieder von 1 bis 4 durch. Jetzt treffen sich aus jeder Gruppe alle „1er", „2er" u. s. w. Diese neuen Gruppen gehen von Strukturplan zu Strukturplan, und jedes Gruppenmitglied erklärt jeweils seinen erarbeiteten Strukturplan.

5. Tipps zum Erstellen einer Informationsseite. Ordnen Sie zu: Kopfzeile, Fußzeile, Überschrift, Aufzählung, Absatz, Fluchtlinie, Gestaltung des Seitenhintergrundes.

Palm

Tipps zur Gestaltung eines Informationsblatts

- Das Informationsblatt enthält **wichtige** Hinweise zu einem bestimmten Thema.
- Es **ist klar und übersichtlich** aufgebaut.
- Die gesamte DIN-A4-Seite ist sinnvoll aufzuteilen.
- Die Seitenrandeinstellung ist nicht vorgegeben. Empfohlen wird eine Einstellung von 2,5 cm rechts und links.
- Bei der Gliederung und Kennzeichnung von Texten sind die **Regeln der DIN 5008** bezüglich der Absätze, Aufzählung bzw. Nummerierung zu beachten.
- Hervorhebungen durch Fettschrift, Kursivschrift, Unterstreichen, Wechsel der Schriftart oder -größe dürfen – sparsam - verwendet werden. Einrückungen erfolgen gemäß DIN 5008 2,5 cm von der Fluchtlinie.
- Das Seitenlayout kann durch einen Seitenhintergrund ansprechend gestaltet werden.
- In der Kopfzeile kann das Firmenlogo erscheinen.
- Ein Hinweis auf das Erstellungsdatum erleichtert das Wiederfinden und Zuordnen der Information. Es kann in der Fußzeile festgehalten werden.
- Bei der Farb- und Schriftgestaltung ist auf **gute Lesbarkeit** zu achten.

Stand: Juli 2014

2 Wir planen Termine und stimmen sie ab

2.1 Bearbeitung der Lernsituation planen / 2.2 Termine planen

Aufgaben Kapitel 2.1, S. 155 und Kapitel 2.2, S. 162, Aufgaben 8 und 9

Im Sekretariat der Vertriebsabteilung der Palm KG wurde folgende Excel-Tabelle vorbereitet.

	A	C	D	BC	BD	BE	BF	BG	BH	BI	BJ	BK	BL	BM	BN	BO	BP	BQ	BR	BS	BT	BU	BV	BW	BX	BY	BZ	CA	CB	CC	CD	CE	CF	CG	CH	CI	CJ	CK	CL	CM	CN	CO	CP	CQ	CR	CS	CT	CU	CV	CW	CX	CY	CZ	DA	DB
1			KW	30							31				August			32							33							34							35							36	September						37		
2			Tag	21	22	23	24	25	26	27	28	29	30	31	1	2	3	4	5	6	7	8	9	10	11	12	13	14	15	16	17	18	19	20	21	22	23	24	25	26	27	28	29	30	31	1	2	3	4	5	6	7	8	9	10
3	Personal-Nr.	Nachname	Funk-																																																				
4	P0201	Schröder	VL																																																				
5	P0202	Jacobi	KL																																																				
6	P0205	Parlow	V																																																				
7	P0206	Schack	V																																																				
8	P0207	Wegener																																																					
9	P0208	Timmermann	V																																																				
10	P0209	Lehmann	V																																																				
11	P0210	Ziegler	V																																																			
12	P0301	Sander	K																																																				
13	P0302	Finke	K																																																				
14	P0303	Hofmann	K																																																				
15	P0304	Kruse	K																																																				

Legende:
KW = Kalenderwoche; VL = Vertriebsleiter; KL = Kundendienstleiterin; V = Vertriebsbeauftragte/Vertriebsbeauftragter; K = Kundendienstmitarbeiterin/Kundendienstmitarbeiter
31 = Hausmesse bei unserem Kunden Büro Rabe AG, Düsseldorf
26 = Samstag/Sonntag

a) Vervollständigen Sie die Tabelle, indem Sie die Urlaubswünsche der Mitarbeiterinnen und Mitarbeiter (siehe Einstiegssituation zur Lernsituation 2, S. 153 im Schulbuch) eintragen. Hinweis: Zur besseren Übersicht verwenden Sie für die Urlaubswünsche der einzelnen Mitarbeiterinnen und Mitarbeiter unterschiedliche Farben.

b) Überprüfen Sie das Ergebnis mit den betrieblichen Anforderungen. Welche Probleme treten auf?

Betriebliche Anforderungen	erfüllt? ☑	Probleme?
	☐	
	☐	
	☐	

c) Welche Lösungsvorschläge können Sie – unter Beachtung der Richtlinien der Betriebsvereinbarung – im Gespräch unterbreiten?

Richtlinien der Betriebsvereinbarung	erfüllt? ☑
	☐
	☐
	☐

d) Welche Lösung wird – unter Berücksichtigung der individuellen Bedürfnisse der Beschäftigten (siehe Rollenkarten auf S. 170 im Schulbuch) – in den Gesprächen vereinbart?

2.2 Termine planen

Aufgaben Kapitel 2.2, Zusatzaufgaben

1. Erstellen Sie eine Termin- und Raumplanung für das Auszubildenden-Meeting in der zweiten Dezemberwoche.

Der Termin sollte in der zweiten Dezemberwoche zu den Kernarbeitszeiten zwischen 08:00 Uhr und 12:00 Uhr bzw. zwischen 13:00 Uhr und 16:00 Uhr stattfinden. Folgende Informationen über die persönlichen Termine der Teilnehmenden liegen vor:

Frau Jana Groth, Personalreferentin, wird über die Personalakte berichten. Am Donnerstag von 10:00 Uhr bis 17:00 Uhr und am Freitag 09:00 Uhr bis 10:00 Uhr findet das Auswahlverfahren für die neuen Auszubildenden statt, das sie federführend durchführt. Am Montag und Dienstag besucht sie eine Fortbildungsveranstaltung. Frau Sophie Brammer, Verwaltungs- und Personalleiterin und zugleich Ihre Ausbilderin, nimmt ebenfalls an der Auswahl der neuen Auszubildenden teil. Zudem hat sie am Montagnachmittag ab 14:00 Uhr einen Termin bei der IHK wahrzunehmen. Die Auszubildenden Ewa Nowak und Peter Brandt haben dienstags und mittwochs Berufsschule. Die Berufsschultage von Stefanie Dammer und Ergin Yildiz liegen am Montag und am Mittwoch. Ewa befindet sich zurzeit in der Verwaltungsabteilung und wird Frau Brammer zum IHK-Termin begleiten. Stefanie hat sich für den Freitagnachmittag freigenommen, da sie einen wichtigen Arzttermin wahrnehmen muss.

Es stehen zwei Besprechungsräume (B1 und B2) zur Verfügung. Der Belegungsplan steht zur Einsicht im Intranet zur Verfügung. Die Assistentin der Geschäftsleitung Frau Vogel ist für die Belegungsplanung verantwortlich. Sie nimmt nach telefonischer Anmeldung die Belegung vor.

Belegungsplan der Besprechungsräume

■	belegt
□	frei

	Montag		Dienstag		Mittwoch		Donnerstag		Freitag	
	B 1	B 2	B 1	B 2	B 1	B 2	B 1	B 2	B 1	B 2
08:00 - 09:00 Uhr	■	■			■			■		■
09:00 - 10:00 Uhr		■						■		■
10:00 - 11:00 Uhr		■		■				■		
11:00 - 12:00 Uhr	■			■			■	■		
12:00 - 13:00 Uhr	■			■			■	■	■	■
13:00 - 14:00 Uhr							■	■		
14:00 - 15:00 Uhr								■		
15:00 - 16:00 Uhr		■						■		
16:00 - 17:00 Uhr				■						
17:00 - 18:00 Uhr										

a) Erstellen Sie einen Abwesenheitsplan, indem Sie den Aufbau des Raumplans übernehmen und anstelle der Raumnummern in den Tabellenkopf die Namen der Beteiligten einfügen. Nutzen Sie dazu die nachfolgende Vorlage. Zur besseren Übersicht verwenden Sie für die Abwesenheitszeiten der Beteiligten unterschiedliche Farben.

b) Halten Sie schriftlich fest, zu welchem Termin und in welchem Besprechungsraum das Meeting der Auszubildenden stattfinden soll.

Abwesenheitsplan

	Montag						Dienstag						Mittwoch						Donnerstag						Freitag					
	G	B	E	P	S	Er	G	B	E	P	S	Er	G	B	E	P	S	Er	G	B	E	P	S	Er	G	B	E	P	S	Er
08:00 - 09:00 Uhr																														
09:00 - 10:00 Uhr																														
10:00 - 11:00 Uhr																														
11:00 - 12:00 Uhr																														
12:00 - 13:00 Uhr																														
13:00 - 14:00 Uhr																														
14:00 - 15:00 Uhr																														
15:00 - 16:00 Uhr																														
16:00 - 17:00 Uhr																														
17:00 - 18:00 Uhr																														

G = Frau Groth, B = Frau Brammer, E = Ewa, P = Peter, S = Stefanie, Er = Ergin

2. Erstellen Sie eine Urlaubsplanung.

Für den Sommerurlaub haben die Mitarbeiterinnen und Mitarbeiter des Kundendienstes der Palm KG folgende Terminwünsche angemeldet:

Abteilungsleiterin Frau Jacobi	22. bis einschl. 25. Woche
Stellvertreter Herr Sander	25. bis einschl. 28. Woche
Sachbearbeiter Herr Finke	22. bis einschl. 25. Woche
Sachbearbeiterin Frau Hofmann	25. bis einschl. 28. Woche
Sachbearbeiterin Frau Kruse	26. bis einschl. 27. Woche

a. Stellen Sie die Urlaubswünsche in einem Balkendiagramm dar. Hierfür erstellen Sie sich zunächst eine Tabelle. Im Tabellenkopf werden die Wochen eingetragen, in der ersten Spalte die Personen. Markieren Sie die Urlaubswünsche der einzelnen Mitarbeiter/-innen in unterschiedlichen Farben.

	22. KW	23. KW	24. KW	25. KW	26. KW	27. KW	28. KW	29. KW	30. KW
Frau Jacobi									
Herr Sander									
Herr Finke									
Frau Hofmann									
Frau Kruse									

Welche Überschneidungen tauchen auf? Wie beurteilen Sie diese?

b. Unterbreiten Sie einen Vorschlag für einen Urlaubsplan, der sicherstellt, dass mindestens eine leitende Person im Kundendienst und zwei Sachbearbeiter/-innen anwesend sind. Berücksichtigen Sie dabei, dass Frau Jacobi und Herr Finke während der Schulferien (22. bis einschließlich 27. Woche) Urlaub nehmen müssen, da sie schulpflichtige Kinder haben.

	20. KW	21. KW	22. KW	23. KW	24. KW	25. KW	26. KW	27. KW	28. KW	29. KW	30. KW	31. KW
Frau Jacobi												
Herr Sander												
Herr Finke												
Frau Hofmann												
Frau Kruse												

c. Welche Empfehlung geben Sie Frau Jacobi zur Abstimmung der Urlaubswünsche?

2.3 Termine im Gespräch abstimmen

Aufgaben Kapitel 2.3, S. 168 ff., Aufgabe 9

Beobachtungsbogen zum Rollengespräch der Beschäftigten in der Abteilung Kundendienst

Beobachten Sie während des Rollengesprächs: ____________________

Kommunikation	Beobachtungskriterium	Ausprägung +	Ausprägung ø	Ausprägung –	Bemerkung
non-verbal	Mimik				
	Gestik				
	Blickkontakt				
verbal	Lautstärke				
	Tempo				
	Betonung				
Regeln	kurze und klare Aussagen				
	bleibt beim Thema				
	lässt andere aussprechen				
	hört anderen zu				
	respektiert die Meinung anderer				
in einem Konflikt	spricht Konflikte sofort an				
	klärt Standpunkt				
	bleibt sachlich				
	fragt bei Unklarheit nach				
	sucht nach einer Lösung				

Ergebnis/Lösung

	Lea Jacobi	Felix Sander	Daniel Finke	Melanie Hofmann	Stefanie Kruse
Urlaubsregelung[1]					
Zufriedenheit der Beteiligten[2]					

[1]Notieren Sie, welche Urlaubsregelung die Beteiligten in der Abteilung Kundendienst vereinbart haben.
[2]Notieren Sie, wie zufrieden die einzelnen Beschäftigten mit der festgelegten Lösung sind (++ = sehr zufrieden, + = zufrieden, ∅ = neutral, – = nicht zufrieden).

Aufgaben Kapitel 2.3, Zusatzaufgaben

1. Die Körperhaltung, Gestik und Mimik kann auf einen anderen Menschen sicher oder unsicher wirken. Probieren Sie mit Ihrem Nachbarn/Ihrer Nachbarin folgende Haltungen aus und entscheiden Sie, ob die Haltung eher sicher oder eher unsicher auf Sie wirkt.

   a) Setzen Sie sich auf die vordere Kante Ihres Stuhls, die Beine sind übereinandergeschlagen und verschränkt.

   b) Setzen Sie sich auf die gesamte Stuhlfläche, der Rücken lehnt an der Rückenlehne. Die Beine stehen mit den Füßen auf dem Boden. Der Abstand zwischen den Knien beträgt ca. 10 cm.

   c) Die Arme sind vor der Brust verschränkt.

   d) Die Arme hängen locker neben dem Körper.

   e) Sie blicken Ihr Gegenüber an und lächeln.

   f) Sie schauen auf den Boden.

   g) Probieren Sie verschiedene Haltungen im Stehen aus. Beschreiben Sie, welche Stehhaltung sicher und welche unsicher auf Sie wirkt.

2. Sammeln Sie Verhaltensweisen während des Unterrichts in der Berufsschule (während eines Gesprächs), die Sie als störend empfinden. Formulieren Sie die störenden Verhaltensweisen mithilfe der Kopfstandmethode in wünschenswerte Verhaltensweisen um.

störende Verhaltensweisen	wünschenswerte Verhaltensweisen
am Handy tätig sein	*Handy weglegen*

3. Handelt es sich in den folgenden Situationen um einen Konflikt? Begründen Sie kurz. Sie können diese Aufgabe auch mit der Methode „Meinungslinie“ bearbeiten.

   a) Ewa lästert über Peter, weil er eine Brille trägt.

   b) Stefanie und Marco machen ein Wettrennen.

   c) Marcel beklagt sich über Sascha, weil er ihm nicht bei den Hausaufgaben hilft.

   d) Von den Auszubildenden erhalten nur zwei im Anschluss an ihre Ausbildung einen Arbeitsvertrag.

   e) Der Vertriebsleiter Herr Schröder fordert Ewa auf, die Auswertung der Umsatzzahlen bis Mittag vorzulegen.

   f) Herr Parlow und Frau Ziegler wollen gleichzeitig in den Urlaub gehen.

   g) Herr Schröder und Frau Jacobi sind sich über die Vorgehensweise zur Urlaubsplanung nicht einig. Frau Jacobi will die Änderungen der Urlaubswünsche bekannt geben, Herr Schröder will mit den Mitarbeiter/-innen gemeinsam eine Lösung suchen.

4. Sammeln Sie mögliche Konfliktsituationen aus Ihrem Ausbildungsalltag. Wählen Sie eine Situation aus und analysieren Sie diese mithilfe des Eisbergmodells.

5. Sammeln Sie mögliche Hintergründe für folgende Konflikte und schlagen Sie Lösungsmöglichkeiten vor:

   a) Die Ausbilderin Frau Brammer während des Gesprächs mit der Auszubildenden Lisa: „So kann das nicht weitergehen, Lisa. In dieser Woche sind Sie dreimal zu spät gekommen! In der Berufsschule waren Sie gar nicht! Darüber haben Sie mich nicht einmal informiert! Wenn Sie so weiter machen, ...“ Lisa: „Aber ich habe versucht, Sie anzurufen. Sie waren nicht da.“

   b) Ewa, Auszubildende zur Kauffrau für Büromanagement, lacht während einer Besprechung über Ergin, Auszubildender zum Kaufmann für Büromanagement, weil er eine falsche Antwort gegeben hat. Nach der Besprechung schubst Ergin Ewa. Sie fällt hin.

6. Recherchieren Sie, ob es in Ihrem Ausbildungsbetrieb einen „Meeting-Knigge“ oder vergleichbare Regeln für Zusammenkünfte gibt. Notieren Sie die Regeln und vergleichen Sie die Regeln für Zusammenkünfte aus unterschiedlichen Betrieben. Unterstreichen Sie Gemeinsamkeiten mit einem grünen Stift und Unterschiede mit einem roten Stift.

7. Notieren Sie wünschenswerte Verhaltensweisen während des Unterrichts. Erklären Sie kurz, was sich ändern würde, wenn alle Schüler/-innen diese Verhaltensweisen einhalten würden.

wünschenswerte Verhaltensweise	Wenn alle Schülerinnen und Schüler sich daran halten, dann
wünschenswerte Verhaltensweise	Wenn alle Schülerinnen und Schüler sich daran halten, dann
wünschenswerte Verhaltensweise	Wenn alle Schülerinnen und Schüler sich daran halten, dann
wünschenswerte Verhaltensweise	Wenn alle Schülerinnen und Schüler sich daran halten, dann

3 Wir organisieren ein Meeting unter Berücksichtigung des Zeitmanagements

3.1 Die Bearbeitung der Lernsituation planen / 3.2 Zeit- und Selbstmanagement reflektieren

3.2.2 Methoden des Zeitmanagements beschreiben

Aufgaben Kapitel 3.1, S. 172 f., und Kapitel 3.2, S. 179, Aufgabe 7

Vorlage für eine einfache To-do-Liste (Listen Sie die Tätigkeiten und zugehörigen Termine auf.)

08^{00}	
09^{00}	
10^{00}	
11^{00}	
12^{00}	
13^{00}	
14^{00}	Vorheriger Termin
15^{00}	
16^{00}	
17^{00}	
18^{00}	

Vorlage für die Anwendung der Eisenhower-Methode

Datum:	wichtige Aufgaben	nicht wichtige Aufgaben
dringende Aufgaben	sofort selbst erledigen:	delegieren:
nicht dringende Aufgaben	auf Termin legen:	nicht bearbeiten:

Vorlage für die Anwendung der ABC-Analyse

Datum:	ABC-Analyse
A-Aufgaben (dringend und wichtig)	
B-Aufgaben (nicht so dringend, weniger wichtig)	
C-Aufgaben (nicht so wichtig)	

Vorlage für die Anwendung der Alpen-Methode

Tag, Datum: ____________________

Aufgaben notieren Das ist heute zu erledigen:	Länge schätzen geschätzter Zeitaufwand	Pufferzeiten einplanen Zeitreserve, ca. 1/3 des geschätzten Zeitaufwands	Entscheidungen treffen (das Wichtigste und Dringendste zuerst)	Nachkontrolle (Alles geschafft? Begründung)
• ______	• ______	• ______	sofort zu erledigen:	☐ alles geschafft
• ______	• ______	• ______	• ______	☐ nicht geschafft, weil
• ______	• ______	• ______	• ______	• ______
• ______	• ______	• ______	später zu erledigen:	• ______
• ______	• ______	• ______	• ______	Folgende Aufgaben werden übertragen:
• ______	• ______	• ______	• ______	• ______
• ______	• ______	• ______	delegieren:	• ______
• ______	• ______	• ______	• ______	• ______
• ______	geschätzter Zeitaufwand gesamt:	geschätzter Zeitaufwand einschließlich Pufferzeiten gesamt:	• ______	• ______
• ______	• ______	• ______	entfällt:	• ______
			• ______	

Aufgaben Kapitel 3.2, Zusatzaufgaben

1. Die Vertriebsbeauftragte Lisa Schack hat sich die Tabelle auf der folgenden Seite angelegt, um ihren Arbeitstag zu strukturieren und zu planen. Bearbeiten Sie die zugehörigen Aufgaben.

   a) Welche Methode des Zeitmanagements wendet Frau Schack an?

   ____

   ____

   b) Vervollständigen Sie die Planung für den Tag, indem Sie die Pufferzeiten ermitteln und den Zeitaufwand einschließlich der Pufferzeiten errechnen.

   c) Beurteilen Sie das Verhältnis von geplanter zu ungeplanter Arbeitszeit. Gehen Sie davon aus, dass Frau Schack täglich acht Stunden Arbeitszeit zur Verfügung stehen.

   ____

   ____

   ____

   d) Beurteilen Sie die von Frau Schack vorgenommene Priorisierung.

   ____

   ____

   ____

   e) Am Ende des Arbeitstages stellt Frau Schack fest, dass sie die Reklamation nicht bearbeiten konnte. Woran könnte dies Ihrer Meinung nach liegen? Was sollte Frau Schack tun?

   ____

   ____

   ____

   ____

   ____

   ____

   ____

   f) Erstellen Sie für Ihren kommenden Ausbildungstag eine Übersicht (siehe übernächste Seite). Beachten Sie bei der Planung, dass Sie nur 60 % Ihrer zur Verfügung stehenden Zeit verplanen. Planen Sie angemessene Kurzpausen ein.

Datum: Montag, 5. November

Aufgaben notieren **Das ist heute zu erledigen:**	**Länge schätzen** **geschätzter Zeitaufwand**	**Pufferzeiten einplanen** **Zeitreserve, ca. 1/3 des geschätzten Zeitaufwands**	**Entscheidungen treffen** **(das Wichtigste und Dringendste zuerst)**	**Nachkontrolle** **(Alles geschafft? Begründung)**
Herrn Dewald, Büro Rabe anrufen (Angebot nachfragen)	15 Minuten	● ___	sofort zu erledigen: Aufträge eingeben	☐ alles geschafft ☐ nicht geschafft, weil
Reklamation Büro Modern bearbeiten	1 Stunde	● ___	Herrn Dewald anrufen	
vier Angebote erstellen	2 Stunden	● ___	später zu erledigen:	● ___
2 Aufträge eingeben	1 Stunde	● ___	Angebote erstellen	● ___
Außendienstmitarbeiter anrufen	30 Minuten geschätzter Zeitaufwand gesamt: 4 Std. 45 Min.	● ___	Außendienstmit. anrufen Reklamation	Folgende Aufgaben werden auf den Folgetag übertragen:
● ___		● ___	delegieren:	● ___
● ___		● ___	● ___	● ___
		● ___	● ___	● ___
		geschätzter Zeitaufwand einschließlich Pufferzeiten gesamt: ● ___	entfällt: ● ___	● ___

Tag, Datum: ____________________

Aufgaben notieren **Das ist heute zu erledigen:**	**Länge schätzen** **geschätzter Zeitaufwand**	**Pufferzeiten einplanen** **Zeitreserve, ca. 1/3 des geschätzten Zeitaufwands**	**Entscheidungen treffen** **(das Wichtigste und dringendste zuerst)**	**Nachkontrolle** **(Alles geschafft? Begründung)**
● ____	● ____	● ____	sofort zu erledigen:	☐ alles geschafft
● ____	● ____	● ____	● ____	☐ nicht geschafft, weil
● ____	● ____	● ____	● ____	● ____
● ____	● ____	● ____	später zu erledigen:	● ____
● ____	● ____	● ____	● ____	Folgende Aufgaben werden übertragen:
● ____	● ____	● ____	● ____	● ____
● ____	● ____	● ____	delegieren:	● ____
● ____	● ____	● ____	● ____	● ____
● ____	geschätzter Zeitaufwand gesamt:	geschätzter Zeitaufwand einschließlich Pufferzeiten gesamt:	● ____	● ____
● ____	● ____	● ____	entfällt:	
			● ____	
			● ____	

2. Störungen im Tagesablauf bearbeiten

Es ist 15:00 Uhr. Die Auszubildende Stefanie ist völlig genervt, weil sie nun zum vierten Mal mit dem Erstellen der PowerPoint-Präsentation über ihren Ausbildungsbetrieb begonnen hat. Diese Aufgabe hat sie von der Geschäftsführerin Frau Schmidt erhalten, weil sie bereits in der Schule eine sehr gelungene Präsentation erstellt hatte. Nun soll sie noch einige Folien überarbeiten und das Layout auf die Farben des Unternehmenslogos abstimmen. Ständig ist etwas dazwischen gekommen. Finden Sie zu den folgenden Unterbrechungen und Ablenkungen Handlungsmöglichkeiten, die die Zeit nicht „stehlen“:

Störungen	Handlungsmöglichkeiten
Für das Erstellen der PowerPoint-Präsentation hat Stefanie Informationsmaterial von Frau Schmidt erhalten. Da sie nicht mehr genau wusste, wo sie die Unterlagen hingelegt hat, musste sie alle Schreibtischfächer durchsuchen. Zum Schluss fand sie die Unterlagen in ihrem Ablagefach.	
Mindestens zehn E-Mails sind im Laufe des Vormittags in ihrem Postfach eingegangen. Jede E-Mail hat sie sofort bei Eingang gelesen, weil sie vermutete, dass ihre derzeitige Vorgesetzte Aufgaben für sie hatte. Nur zwei E-Mails enthielten wichtige Informationen über ihre Ausbildung. Die anderen waren für sie nicht von Bedeutung.	
Ein paar Mal klingelte das Telefon. Ihre Mitauszubildende wollte sich mit ihr zum Mittagessen verabreden und hat ihr sogleich von dem letzten Wochenende berichtet.	
Ihr privates Handy hatte mehrmals signalisiert, dass neue Nachrichten eingegangen sind. Diese hat sie jedes Mal geprüft, da etwas Wichtiges dabei sein könnte.	
Frau Wegener, Vertriebsbeauftragte, bat sie, einen Katalog mit 50 Seiten zu kopieren. Sie sagte, dass sie bis Freitag die Kopie brauche. Stefanie ging umgehend zum Kopierer, da sie die Aufgabe schnell erledigen wollte, außerdem trifft man dort auch immer jemanden zum Quatschen.	
Ihre Mitauszubildende hat Schwierigkeiten bei der Bearbeitung der Hausaufgaben. Sie ist extra zu Stefanie ins Büro gekommen. Stefanie hat ihr alles erklärt und gezeigt, wie sie die Aufgabe zu erledigen hat.	
Gegen 11:00 Uhr fiel ihr plötzlich ein, dass sie noch Sascha, ihren Mitauszubildenden, anrufen wollte. Sascha war gestern nicht in der Berufsschule, weil er krank war. Um den Anruf nicht zu vergessen, erledigte sie ihn sofort und berichtete Sascha ausführlich, was er nachzuarbeiten hat.	
Nach der Mittagspause hat Stefanie sich wieder an die Präsentation gesetzt. Es dauerte sehr lange, bis sie wieder wusste, an welcher Stelle sie weiterarbeiten wollte.	
Die ersten Folien sollte Stefanie so bestehen lassen. Ihr gefielen aber die Abstände zwischen den Zeilen und die Schriftart nicht. Daher hat sie diese Änderungen zuerst vorgenommen. Besonders bei der Wahl der Schriftart hat sie sich viel Zeit gelassen und alle Möglichkeiten geprüft. Es fiel ihr schwer, sich auf eine Schriftart festzulegen.	

3. Persönliche Zeitdiebe

Sammeln Sie über eine Woche Ihre individuellen Zeitdiebe im Ausbildungs- und Schulalltag sowie im privaten Bereich oder führen Sie Tagebuch über Ihre Tätigkeiten. Schätzen Sie ein, wie die Wirkung des jeweiligen Zeitdiebes auf Ihre zur Verfügung stehende Zeit ist. Bringen Sie die Zeitdiebe in eine Reihenfolge, überlegen Sie sich Handlungsmöglichkeiten, um die Zeitdiebe zu reduzieren. Wählen Sie sich für die darauf folgende Woche einen Zeitdieb aus und versuchen Sie ihn durch Ihre vorgeschlagenen Handlungsmöglichkeiten ins Aus zu setzen.

Meine Zeitdiebe	Wirkung		Rangfolge	Handlungsmöglichkeiten
	☐ groß	☐ gering		
	☐ groß	☐ gering		
	☐ groß	☐ gering		
	☐ groß	☐ gering		
	☐ groß	☐ gering		
	☐ groß	☐ gering		
	☐ groß	☐ gering		
	☐ groß	☐ gering		
	☐ groß	☐ gering		
	☐ groß	☐ gering		
	☐ groß	☐ gering		
	☐ groß	☐ gering		
	☐ groß	☐ gering		
	☐ groß	☐ gering		
	☐ groß	☐ gering		
	☐ groß	☐ gering		
	☐ groß	☐ gering		
	☐ groß	☐ gering		
	☐ groß	☐ gering		
	☐ groß	☐ gering		
	☐ groß	☐ gering		
	☐ groß	☐ gering		
	☐ groß	☐ gering		
	☐ groß	☐ gering		

3.3 Sitzungen und Besprechungen organisieren

3.3.1 Die Vorbereitung von Sitzungen und Besprechungen planen

Aufgabe Kapitel 3.3.1, S. 182, Aufgabe 4

Bei der Palm KG werden Checklisten für viele Tätigkeiten und Aufgabenbereiche erstellt, um die Arbeit zu erleichtern, Teilaufgaben nicht zu vergessen und die Tätigkeiten kontinuierlich zu verbessern. Die Checkliste „Besprechungen organisieren" muss dringend überarbeitet werden. Sie ist zu ungenau und die Aspekte der Durchführung und Nachbereitung fehlen. Nehmen Sie die Überarbeitung vor und erstellen Sie eine Vorlage für Ihr Bürohandbuch.

Checkliste zur Vorbereitung, Durchführung und Nachbereitung einer Besprechung/Sitzung

Vorbereitung einer Besprechung/Sitzung
(Ein persönliches Treffen ist notwendig!)

Palm

	Wer?	erledigt am
1. Worum geht es? Thema, Ziele festlegen		
2. Wer soll teilnehmen?		
3. Wer moderiert/leitet?		
4. Wer protokolliert?		
5. Termin nach Abstimmung festlegen		
6. Ort/Raum nach Abstimmung festlegen		
7. Tagesordnung festlegen		
8. Einladung mit Tagesordnung versenden		
9. Raumausstattung Geräte und Ausstattung ☐ Beamer/Projektionsfläche/Notebook/PC ☐ Moderationsmaterial/Stellwände ☐ Flipchart/Papier/Stifte ☐ ____________ ☐ ____________ Sitzordnung ☐ U-Form ☐ Schulungsreihen ☐ ____________ ☐ ____________		

Vorbereitung einer Besprechung/Sitzung
(Ein persönliches Treffen ist notwendig!)

Palm

	Wer?	erledigt am
10. Bewirtung kalte Getränke ________ Anzahl, Uhrzeit ________ ________ Anzahl, Uhrzeit ________ warme Getränke ________ Anzahl, Uhrzeit ________ ________ Anzahl, Uhrzeit ________ Snacks Kekse ________ Anzahl, Uhrzeit ________ Obst ________ Anzahl, Uhrzeit ________ Gemüse und Dip ________ Anzahl, Uhrzeit ________ belegte Brote ________ Anzahl, Uhrzeit ________		

3.3.2 Die Durchführung von Sitzungen und Besprechungen planen

Aufgabe Kapitel 3.3.2, S. 183, Aufgabe 4

Notizbogen für die Mitschrift und Durchführung des Auszubildenden-Meetings

Meeting vom *11.12.20xx* Bereich: *Auszubildende*		Palm
Beginn: *08:00 Uhr*	**Ende:**	**Raum: *B 1***
1. rechtzeitiges Erscheinen, um • den Raum herzurichten (Lüften, Sitzordnung, Atmosphäre) • die Hilfsmittel zu prüfen, ggf. funktionsfähig machen		☐ ☐
2. pünktlich beginnen		☐
3. Begrüßung und Vollzähligkeit feststellen		☐
4. Rollen (Protokoll, Moderation festlegen) • Protokoll: *Stefanie Dammer* • Moderation: *Stefanie Dammer*		☐ ☐
5. Zustimmung zur Tagesordnung		☐
6. Genehmigung des letzten Protokolls		☐

Meeting vom *11.12.20xx* Bereich: *Auszubildende*	Palm
TOP 3 Ziel: *Erfahrungsaustausch* Ergebnis:	
TOP 4 Ziel: *Informationsaustausch Berufsschule* Ergebnis:	
TOP 5 Ziel: *Planung der Weihnachtsfeier* Ergebnis:	
7. Verschiedenes	
8. Beenden	☐
offene Punkte:	

3.3.3 Die Nachbereitung von Sitzungen und Besprechungen planen

Aufgaben Kapitel 3.3.3, S. 189, Aufgabe 6

Siehe Seite 69

Aufgaben Kapitel 3.3.3, S. 189, Aufgabe 9

Testen Sie Ihre Schreibfertigkeit und Ihr Wissen im Umgang mit der Standardsoftware. (Überprüfen Sie in regelmäßigen Abständen Ihre Schreibfertigkeit.)

Schreibfertigkeitsprüfung	am					am					am					am				
Tipp-Geschwindigkeit																				
Fehler																				
10-Finger-System	++	+	o	-	--	++	+	o	-	--	++	+	o	-	--	++	+	o	-	--

a) Welches Ziel wollen Sie bis zu welchem Termin erreichen, um Ihre Aufgaben in einer angemessenen Zeit zu erledigen?

Schreibfertigkeit bis zum					
Tipp-Geschwindigkeit					
Fehler					
10-Finger-System	++	+	o	-	--

Wie wollen Sie Ihr Ziel erreichen? *(Welches Übungsprogramm, Unterstützung, Häufigkeit des Trainings, Belohnung?)*

b) Erschließen Sie die Registerkarten Ihrer Standardsoftware und deren Funktionen. Erstellen Sie eine tabellarische Übersicht, in der Sie die Bezeichnungen der Registerkarten sowie die einzelnen Funktionen mit Erklärungen festhalten, oder notieren Sie die Erklärungen handschriftlich (siehe Word-Band).

Registerkarte	Funktionen	Erklärung
	Speichern	
	Speichern unter	
Datei	Öffnen	
	Schließen	
	Drucken	

c) Informieren Sie sich über die Möglichkeiten der Zeichenformatierungen. Probieren Sie am Beispiel eines selbst gewählten Satzes unterschiedliche Schriftarten, Schriftgrößen und Schriftstile nach folgendem Muster aus (siehe Memo Informationsverarbeitung, Kapitel 2.1).

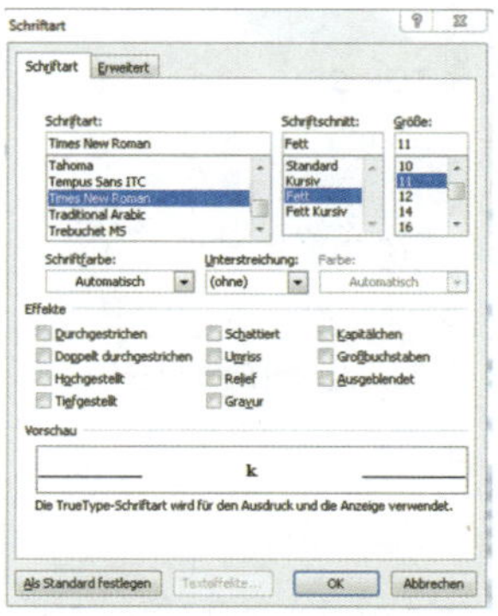

Zeichenformatierungen	Schriftart	Schriftgröße	Schriftstil
Heute hat es geschneit.	Times New Roman	11 pt	normal
Heute hat es geschneit.	Times New Roman	10 pt	normal, Abstand erweitert 1,5 pt
Heute hat es geschneit.	Arial Narrow	14 pt	fett
Heute hat es geschneit.	Calibri	11 pt	Großbuchstaben

Aufgaben Kapitel 3.3, Zusatzaufgaben

1. Beurteilen Sie die Checkliste zur Durchführung einer Besprechung/Sitzung und erstellen Sie eine Vorlage für Ihr Bürohandbuch.

Durchführung einer Besprechung/Sitzung — Palm

Beginn: | **Ende:** | **Ort:**

1. rechtzeitiges Erscheinen, um • den Raum herzurichten (Lüften, Sitzordnung, Atmosphäre) • die Hilfsmittel zu prüfen, ggf. funktionsfähig machen		☐ ☐
2. pünktlich beginnen		☐
3. Begrüßung und Vollzähligkeit feststellen		☐
4. Rollen (Protokoll, Moderation festlegen) • Protokoll: • Moderation:		☐ ☐
5. Zustimmung zur Tagesordnung		☐
6. Genehmigung des letzten Protokolls		☐

TOP 1 Ziel: Ergebnis:	**TOP 2** Ziel: Ergebnis:
TOP 3 Ziel: Ergebnis:	**TOP 4** Ziel: Ergebnis:
TOP 5 Ziel: Ergebnis:	**TOP 6** Ziel: Ergebnis:

7. Verschiedenes

8. Beenden ☐

offene Punkte:

2. Vervollständigen Sie die Lernseite zum Thema „Protokoll".

   a) Definition: ______________________________

b) Ein Protokoll erfüllt unterschiedliche **Funktionen**. Erklären Sie die Funktionen:

Ein Protokoll dient als	Erklärung
Informationsquelle	
Urkunde zur Dokumentation	
Beweismittel zur Kontrolle	
Gedächtnisstütze und Arbeitsgrundlage	

c) Protokollarten im Überblick

Protokollart	Merkmale	Beispiel
Wortprotokoll		
Verlaufsprotokoll		
Kurzprotokoll		
Ergebnisprotokoll		

d) Sprachliche Aspekte
Formulieren Sie den folgenden Satz so um, dass er in einem Protokoll geschrieben werden kann. Auszug aus dem Vortrag von Herrn Giese, Geschäftsführer: „Unser neues Produktionsprogramm wird erfolgreich sein."

Präsens	Herr Dreyer sagt, dass	
• Wortbeiträge werden in der indirekten Rede formuliert. Es ist der **Konjunktiv** anzuwenden. • **Ausnahme:** Wortprotokoll	ein Regal im Lager ersetzt werden **müsse**.	

Protokoll

Palm

Klicken Sie hier, um Text einzugeben. Klicken Sie hier, um ein Datum einzugeben.
Beginn: Klicken Sie hier, um Text einzugeben.
Ende: Klicken Sie hier, um Text einzugeben.

Ort: Klicken Sie hier, um Text einzugeben.

Anwesende: Klicken Sie hier, um Text einzugeben.

Tagesordnung:
1. Begrüßung
2. Verabschiedung der Tagesordnung
3. Klicken Sie hier, um Text einzugeben.
4. Klicken Sie hier, um Text einzugeben.
5. Klicken Sie hier, um Text einzugeben.
6. Klicken Sie hier, um Text einzugeben.

TOP 1

Klicken Sie hier, um Text einzugeben.

TOP 2

Klicken Sie hier, um Text einzugeben.

TOP 3

Klicken Sie hier, um Text einzugeben.

TOP 4

Klicken Sie hier, um Text einzugeben.

TOP 5

Klicken Sie hier, um Text einzugeben.

TOP 6

Klicken Sie hier, um Text einzugeben.

Klicken Sie hier, um Text einzugeben.	Klicken Sie hier, um Text einzugeben.
Protokollant	Klicken Sie hier, um Text einzugeben.

Verteiler
Klicken Sie hier, um Text einzugeben.

3. Markieren Sie die Inhalte, die im Protokollrahmen aufgeführt werden.
4. Erstellen Sie aufgrund des folgenden Gesprächs ein Verlaufsprotokoll (Kurzprotokoll).
   Die Personalleiterin Sophie Brammer hat Linus Schröder (Vertriebsleiter), Lea Jacobi (Kundendienstleiterin), Alina Koch (Einkaufs- und Lagerleiterin) und Patrick Franke (Fertigungsleiter) zu einer Besprechung eingeladen. Es geht um das Auswahlverfahren für die neuen Auszubildenden. Das Meeting findet am 25.11.20.. im Besprechungsraum 1 statt. Es beginnt um 10:00 Uhr und endet um 10:45 Uhr.

Sophie Brammer: „Ich begrüße Sie zur heutigen Sitzung. Vielen Dank, dass Sie alle erschienen sind. Die Tagesordnung liegt Ihnen vor. Haben Sie hierzu Änderungswünsche?"

(Alle Teilnehmerinnen und Teilnehmer schütteln den Kopf.)

Sophie Brammer: „Gut! Frau Koch, Sie haben sich bereit erklärt, dass Protokoll zu führen. Dafür danke ich Ihnen. Beginnen wir mit unserem einzigen TOP „Auswahlverfahren für Auszubildende": Sie alle wissen, dass die Bewerbungsunterlagen von mir gesichtet werden und ich eine Vorauswahl von 25 Personen treffe. Dann werden die Bewerberinnen und Bewerber zu einem Vorstellungsgespräch eingeladen, an dem Sie auch teilnehmen. Bisher war dies meiner Meinung nach auch ausreichend. Aber mittlerweile haben wir so viele Bewerberinnen und Bewerber, dass die Vorauswahl für mich nicht mehr allein zu bewältigen ist. Außerdem sollten wir uns nicht mehr nur auf den ersten Eindruck bei den Bewerbungsgesprächen verlassen. Es gibt noch andere Möglichkeiten: Wir könnten einen Einstellungstest durchführen, um die Kenntnisse in der Rechtschreibung, Grundrechenarten und Allgemeinbildung abzuprüfen. Es gibt auch die Möglichkeit, dass wir Gruppenübungen oder Präsentationen durchführen. Was meinen Sie?"

Linus Schröder: „Auf dem Gebiet haben Sie doch das Fachwissen. Sie sollten daher auch die Richtung vorgeben. Mir ist es nur wichtig, dass ich zeitlich nicht noch mehr bei der Auswahl eingebunden bin. Denn ich habe mich ja um andere Dinge zu kümmern."

Herr Franke: „Das sehe ich genauso! Das kostet nur meine Arbeitszeit, wenn ich nun auch noch Einstellungstests durchführen soll. Es reicht, wenn ich schon einen ganzen Arbeitstag bei den Gesprächen dabei bin. Man merkt doch sofort, ob einer die Ausbildung wirklich machen will oder nicht. Die Jugendlichen sind doch oft gar nicht so weit, die haben ganz andere Dinge im Kopf. Wenn ich da an meine Ausbildung denke ..."

Sophie Brammer: „Herr Franke, ich kann Sie verstehen, der zeitliche Umfang ist sehr wichtig. Ein Vergleich von den Auszubildenden heute und früher hilft uns jetzt aber nicht weiter. Was halten Sie von Einstellungstests, Frau Koch?"

Alina Koch: „Ich könnte mir vorstellen, dass ein Eignungstest sehr gut für eine Vorauswahl geeignet ist. Dann müssen wir nicht mehr so viele zum Vorstellungsgespräch einladen und das ist dann für uns alle weniger zeitaufwendig. So ein Test könnte von allen Bewerberinnen und Bewerbern gleichzeitig durchgeführt werden. Die Auswertung sollte dann aber durch die Personalabteilung vorgenommen werden."

Lea Jacobi: „Das sehe ich nicht so. Wir sind genauso für die Ausbildung verantwortlich und wollen, dass die Azubis hier gut ausgebildet werden. Deshalb ist es schon wichtig, dass wir auch die richtigen finden. In den meisten Fällen ist uns das ja auch geglückt, aber denken Sie nur an Sven. Redegewandt im Gespräch, ein richtiger Sunny-Boy, aber wenn es ums Arbeiten geht ..."

Sophie Brammer: „Hineingucken können wir in die Jugendlichen nicht. Auch ein Test ist sicherlich nur ein kleiner Anhaltspunkt. In meiner Abteilung kann ein Test ausgearbeitet werden. Auch die Auswertung können meine Mitarbeiterinnen und Mitarbeiter vornehmen. Wer ist denn gegen die Einführung eines Eignungstests?"

(Keiner meldet sich.)

Sophie Brammer: „Dann werde ich mich darum kümmern und einen Test ausarbeiten. Ich würde gerne im Anschluss an den Test noch eine Gruppenübung durchführen. Hier können wir ganz gut erkennen, wie sich die Azubis beim Lösen einer gemeinsamen Aufgabe geben, wer die Ideen liefert, wer auf andere eingeht, wer die Wortführerschaft übernimmt, und anderes. Solch eine Übung dauert etwa 90 Minuten. Wir würden die Bewerberinnen und Bewerber dabei beobachten und können sie so noch einmal von einer anderen Seite sehen. Was meinen Sie?"

Linus Schröder: „Wenn uns das dann ein paar Auswahlgespräche weniger einbringt, bin ich dabei."

Sophie Brammer: „Ich denke schon, wir können uns ja darauf verständigen, dass die Anzahl der Bewerbungsgespräche auf 20 reduziert wird."

Linus Schröder: „Das ist in Ordnung."

Lea Jacobi: „Aber brauchen wir dann nicht eine spezielle Fortbildung für die Beobachtung solcher Übungen?"

Sophie Brammer: „Das ist nicht erforderlich. Wir haben Kriterien, nach denen wir die Einstufung vornehmen. Die werde ich Ihnen selbstverständlich vorab zukommen lassen."

Alina Koch: „Das hört sich gut an. Das sollten wir einmal durchführen, und anschließend können wir ja immer noch entscheiden, ob es im Jahr darauf wiederholt wird oder nicht."

Sophie Brammer: „Natürlich! Also werden wir in diesem Durchlauf eine Gruppenübung durchführen."

Patrick Franke: „Darüber sollten wir erst einmal abstimmen. Ich finde eine Gruppenübung völlig überflüssig. Die Azubis sind doch keine Versuchskaninchen. Ich lehne es ab, sie zu beobachten. Ein Test ist in Ordnung, aber Spielchen ..., nicht mit mir!"

Sophie Brammer: „Das sind keine Spielchen, die wir hier machen. Das sind wissenschaftlich geprüfte Verfahren der Personalauswahl. Gerade die Sozialkompetenzen lassen sich schwer in einem Gespräch ermitteln, sie werden aber immer wichtiger. Deshalb bitte ich um Ihr Votum: Wer ist für eine Durchführung einer Gruppenübung?"

(Mit Ausnahme von Herrn Franke melden sich alle.)

Sophie Brammer: „Okay. Dann werde ich mich um die Organisation kümmern. Sie erhalten rechtzeitig von mir den Test und auch die Unterlagen für die Gruppenübung. Es werden dann nur noch 20 ausgewählt, die zum Gespräch eingeladen werden. Das reduziert erheblich unsere Zeit. Wie immer gebe ich Ihnen die Termine drei Monate im Voraus bekannt, damit Sie sich darauf einstellen können. Ich danke Ihnen! Haben Sie noch etwas zu besprechen?" (Alle schütteln den Kopf.) „Dann beende ich die Sitzung."

Protokoll 1

Protokoll

Palm

Besprechung der Abteilungsleiter/innen vom **25.11.20xx**

Beginn: 10:00 Uhr
Ende: 10:45 Uhr

Ort: Besprechungsraum 1

Anwesende: Sophie Brammer, Personalleiterin
Linus Schröder, Vertriebsleiter
Lea Jacobi, Kundendienstleiterin
Alina Koch, Einkaufs- und Lagerleiterin
Pattrick Francke, Fertigungsleiter

Tagesordnung: 1. Begrüßung
2. Verabschiedung der Tagesordnung
3. Neues Auswahlverfahren für die Auszubildenden
4. Verschiedenes

TOP 1

Frau Brammer begrüßt die Teilnehmerinnen und Teilnehmer.

TOP 2

Die Tagesordnung wird angenommen.

TOP 3

Frau Brammer beschreibt den bisherigen Ablauf des Auswahlverfahrens. Sie sichtet die Bewerbungsunterlagen und wählt 25 Personen aus, die zu einem Vorstellungsgespräch unter Beteiligung der Abteilungsleiterinnen und -leiter eingeladen werden. Da die Anzahl der Bewerbungen gestiegen ist, schlägt sie andere Auswahlverfahren vor, z. B. Einstellungstests, Gruppenübungen oder Präsentationen.

Einstimmig wird beschlossen, dass in der Personalabteilung ein Test ausgearbeitet werden soll.

Im Anschluss an den Test sollen die Bewerberinnen und Bewerber eine Gruppenübung durchführen. Mit einer Gegenstimme wird der Vorschlag von Frau Brammer angenommen. Sie wird den Beteiligten den Test und die Unterlagen für die Gruppenübung zukommen lassen. Die Termine gibt sie drei Monate im Voraus bekannt.

Durch diese Maßnahmen soll die Anzahl der Bewerbungsgespräche auf 20 reduziert und damit der zeitliche Aufwand aller verringert werden.

TOP 4

Es gibt keine Punkte zu besprechen.

Alina Koch
Protokollantin

Sophie Brammer
Personalleiterin

1

Protokoll 2

	Protokoll zur Besprechung der Abteilungsleiter/-innen	Palm

☒ Kenntnisnahme ☐ weitere Veranlassung ☐ zum Verbleib ☐ zur Entscheidung

Verteiler:	Teilnehmerinnen und Teilnehmer			
Datum/Uhrzeit:	**25.11.20xx**	10:00 Uhr - 10:45 Uhr	**Ort:**	Besprechungsraum 1
Teilnehmerinnen und Teilnehmer:	Frau Brammer Herr Schröder Frau Jacobi Frau Koch Herr Francke	**Vorsitz:** Frau Brammer **Entschuldigt:** --- **Protokoll:** Frau Koch		

Art: A: Auftrag B: Beschluss F: Feststellung I: Information

Aktion	Ergebnis	Art	verantwortlich/Termin
TOP 1: Begrüßung			**Frau Brammer**
TOP 2: Tagesordnung	Die Tagesordnung wird angenommen.	**B**	**einstimmig**
TOP 3: Neues Auswahlverfahren für die Auszubildenden	Frau Brammer beschreibt den Ablauf des bisherigen Verfahrens. Sie sichtet die Bewerbungsunterlagen und wählt 25 Personen aus, die zu einem Vorstellungsgespräch unter Beteiligung der Abteilungsleiterinnen und -leiter eingeladen werden. Da die Anzahl der Bewerbungen gestiegen ist, schlägt sie andere Auswahlverfahren vor, z. B. Einstellungstests, Gruppenübungen oder Präsentationen.	**I**	**Frau Brammer**
	➔ Ein Eignungstest soll von der Personalabteilung ausgearbeitet werden.	**B**	**einstimmig**
	➔ Im Anschluss an den Test soll eine Gruppenübung stattfinden.	**B**	**mit einer Gegenstimme**
	➔ Ziel ist es, den zeitlichen Aufwand der Beteiligten zu verringern und die Zahl der Bewerbungsgespräche auf 20 zu reduzieren.	**F**	**alle**
	➔ Ein Test und eine Gruppenübung mit Bewertungskriterien werden ausgearbeitet.	**A**	**Personalabteilung**
	➔ Die Termine werden drei Monate im Voraus bekannt gegeben.	**I**	**Personalabteilung**
TOP 4: Verschiedenes	Es liegen keine Besprechungspunkte vor.		

Alina Koch
Protokollantin

Sophie Brammer
Personalleiterin

5. Vergleichen Sie die beiden Protokolle.
   a) Welche Gemeinsamkeiten gibt es?

   b) Welche Unterschiede gibt es?

   c) Welche Form bevorzugen Sie? Begründen Sie Ihre Antwort.

6. Leistungskurven vergleichen

Die Auszubildenden Ewa Nowak und Stefanie Dammer haben ihre individuelle Leistungsfähigkeit über eine längere Zeit beobachtet und festgestellt, dass Ewa morgens i. d. R. ohne Wecker wach wird und sich bereits nach dem Aufstehen aktiv und fit fühlt. Im Laufe des Vormittags steigt ihre Leistungsfähigkeit stark an. Gegen 10:00 Uhr hat sie ein Leistungshoch. Bis etwa 14:00 Uhr sinkt ihre Leistungsfähigkeit und steigt dann nochmals bis etwa 18:00 Uhr, erreicht aber nicht den vergleichbaren Wert wie am Morgen.

Stefanie hingegen benötigt morgens viel Zeit, um „in Gang zu kommen". Erst ab etwa 08:00 Uhr fühlt sie sich fit. Ihr Leistungshoch erreicht sie gegen 13:00 Uhr, danach fällt ihre Leistungsfähigkeit ab, gegen 16:00 Uhr wächst sie wieder an und erreicht etwa um 20:00 Uhr einen zweiten Hochpunkt. Danach sinkt sie wieder. Beide haben ihre Leistungskurven grafisch dargestellt.

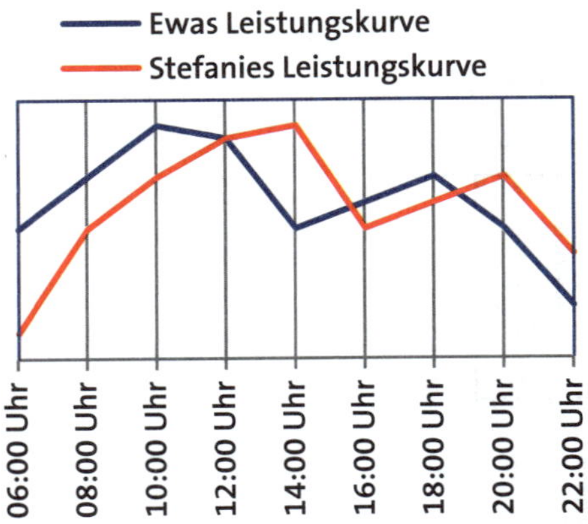

Für den heutigen Tag stehen folgende Tätigkeiten in ihren To-do-Listen.

To-do – Ewa

- Protokoll schreiben
- Besprechungsraum aufräumen
- Angebot an einen Kunden erstellen

To-do – Stefanie

- Bürohandbuch aktualisieren
- Büromaterial ausgeben
- mögliche Lieferanten ermitteln

a) Welche Tipps geben Sie Ewa und Stefanie grundsätzlich in Bezug auf das Erledigen ihrer Tätigkeiten?

____

____

____

b) Unterbreiten Sie Vorschläge, zu welchen Zeiten sie die Tätigkeiten lt. To-do-Listen erledigen sollten. Begründen Sie Ihre Antwort kurz.

____

____

____

c) Beobachten Sie Ihre persönliche Leistungsfähigkeit und ermitteln Sie Zeiten, in denen Sie besonders konzentriert und mit hoher Energie tätig sind, bzw. Zeiten, in denen Ihre persönliche Leistungsfähigkeit nicht sehr ausgeprägt ist. Entscheiden Sie anschließend, zu welchen Zeiten Sie besonders gut neue Inhalte lernen können bzw. eher Bekanntes wiederholen sollten.

4 Wir bearbeiten eingehende und ausgehende Informationen

4.1 Eingehende Informationen bearbeiten

4.1.1 Den Posteingang abwickeln

Vordruck zur Erteilung einer Postvollmacht (Kapitel 4.1.1, S. 191)

Postvollmacht

Vollmachterteilende/-r	**Bevollmächtigte/-r**
Firma, Vor- und Zuname	Firma, Vor- und Zuname
Straße, Hausnummer	Straße, Hausnummer
PLZ Ort	PLZ Ort

Hiermit bevollmächtigt die/der o. g. Vollmachterteilende die/den o. g. Bevollmächtigte(n)

☐ zur Annahme von Postsendungen

Datum, Unterschrift

☐ auch zur Annahme von eigenhändig auszuhändigenden Sendungen

Datum, Unterschrift

Aufgaben Kapitel 4.1.1, Zusatzaufgaben

1. Den Posteingang bearbeiten.
Sie sind in der Poststelle der Palm KG beschäftigt und für die Postbearbeitung zuständig. Einige Briefsendungen sind heute eingegangen. Gemäß Anweisung dürfen Sie nur Geschäftsbriefe öffnen. Privatpost, Post für die Geschäftsleitung, die Personalabteilung oder den Betriebsrat müssen Sie ungeöffnet weiterleiten. Irrläufer erhält der Postdienstleister zurück. Entscheiden Sie, wie Sie mit den folgenden Briefsendungen verfahren:

Briefsendungen	öffnen	ungeöffnet weiterleiten	Rückgabe	Begründung
Frau Hannah Palm Palm KG Modellunternehmen Büroeinrichtungen Am Palmberg 95 23923 Schönberg	☐	☐	☐	

Briefsendungen	öffnen	ungeöffnet weiterleiten	Rückgabe	Begründung
Palm KG Modellunternehmen Büroeinrichtungen Vertrieb Am Palmberg 95 23923 Schönberg	☐	☐	☐	
Betriebsrat der Palm KG Modellunternehmen Büroeinrichtungen Am Palmberg 95 23923 Schönberg	☐	☐	☐	
Palm KG Modellunternehmen Büroeinrichtungen Am Palmberg 95 23923 Schönberg	☐	☐	☐	
Herrn Sebastian Giese Palm KG Modellunternehmen Büroeinrichtungen Am Palmberg 95 23923 Schönberg	☐	☐	☐	
Walter GmbH Am Palmberg 19 23923 Schönberg	☐	☐	☐	
Palm KG Modellunternehmen Büroeinrichtungen Personalabteilung Am Palmberg 95 23923 Schönberg	☐	☐	☐	
Persönlich/Vertraulich Frau Lisa König Palm KG Modellunternehmen Am Palmberg 95 23923 Schönberg	☐	☐	☐	
Herrn Thomas Müller Palm KG Modellunternehmen Büroeinrichtungen Am Palmberg 95 23923 Schönberg	☐	☐	☐	
Büroeinrichtung Gerber OHG Am Palmberg 25 23923 Schönberg	☐	☐	☐	
Herrn Kevin Matzke Palm KG Modellunternehmen Büroeinrichtungen Am Palmberg 95 23923 Schönberg	☐	☐	☐	

Briefsendungen	**öffnen**	**ungeöffnet weiterleiten**	**Rückgabe**	**Begründung**
Palm KG Modellunternehmen Büroeinrichtungen Kundendienst Am Palmberg 95 23923 Schönberg	☐	☐	☐	
Palm KG Modellunternehmen Büroeinrichtungen Betriebsrat Am Palmberg 95 23923 Schönberg	☐	☐	☐	

2. Die Einrichtung eines Postfachs prüfen.

Frau Palm, Inhaberin der Palm KG, beauftragt Sie, die Einrichtung eines Postfachs zu prüfen. Täglich erhalten wir etwa 50 Briefe und Sendungen. Die Bearbeiterinnen der Post (Frau Kruse und Frau Müller) sowie die Assistenz der Geschäftsleitung sollen einen Schlüssel erhalten.

a) Welche Gründe sprechen für die Einrichtung eines Postfachs?

____

____

b) Recherchieren Sie den Ablauf zur Einrichtung eines Postfachs (www.deutschepost.de) und halten Sie Ihr Ergebnis in Stichpunkten fest.

1. www.deutschepost.de ↳ **Suche: Postfach**
2. Wo beantrage ich ein Postfach? ↳
3. ↳
4. ↳
5. ↳
6.
7.
8.

c) Welche Kosten fallen für die Palm KG an?

____

____

____

Aufgaben Kapitel 4.1.1, S. 194, Aufgabe 4

Notieren Sie die Arbeitsschritte zur Bearbeitung des Posteingangs. Identifizieren Sie mögliche Fehlerquellen und geben Sie Hinweise zu einer störungsfreien Bearbeitung.

Arbeitsablauf:	Ist-Aufnahme	Soll-Vorschlag					Abteilung
Lfd. Nr.	Stufen des Arbeitsablaufs	Symbole					Mögliche Fehlerquellen
1		○	⇨	□	D	▽	
2		○	⇨	□	D	▽	
3		○	⇨	□	D	▽	
4		○	⇨	□	D	▽	
5		○	⇨	□	D	▽	
6		○	⇨	□	D	▽	
7		○	⇨	□	D	▽	
8		○	⇨	□	D	▽	
9		○	⇨	□	D	▽	

Hinweise zur störungsfreien Bearbeitung:

____

____

____

____

Legende

Art der Tätigkeit	Symbol
Bearbeitung	○
Transport	⇨
Kontrolle	□
Warten	D
Ablage	▽

4.1.2 Den E-Mail-Eingang bearbeiten

Aufgabe Kapitel 4.1.2, S. 196, Aufgabe 3

Notieren Sie die Arbeitsschritte zur **Bearbeitung eingehender E-Mails**. Identifizieren Sie mögliche Fehlerquellen und geben Sie Hinweise zu einer störungsfreien Abwicklung.

Arbeitsablauf:	Ist-Aufnahme	Soll-Vorschlag					Abteilung
Lfd. Nr.	Stufen des Arbeitsablaufs	Symbole					Mögliche Fehlerquellen
1		○	⇨	□	D	▽	
2		○	⇨	□	D	▽	
3		○	⇨	□	D	▽	
4		○	⇨	□	D	▽	
5		○	⇨	□	D	▽	
6		○	⇨	□	D	▽	

Lfd. Nr.	Stufen des Arbeitsablaufs	Symbole					Mögliche Fehlerquellen
7		○	⇨	□	D	▽	
8		○	⇨	□	D	▽	
9		○	⇨	□	D	▽	

Hinweise zur störungsfreien Bearbeitung:

Legende

Art der Tätigkeit	Symbol
Bearbeitung	○
Transport	⇨
Kontrolle	□
Warten	D
Ablage	▽

4.1.3 Eingehende Gespräche bearbeiten

Aufgabe Kapitel 4.1.3, S. 203, Aufgabe 4

Vorlagen für Gesprächsnotizen

Palm

Kurzmitteilung

Palm KG – Am Palmberg 95 – 23923 Schönberg

Ihr Zeichen	Unser Zeichen	Datum

Mit der Bitte um

□	Kenntnisnahme	□	Anruf
□	Stellungnahme	□	Erledigung
□	Rücksprache	□	Bearbeitung
□	Weiterleitung	□	Rückgabe

Mit freundlichen Grüßen

Palm

Kurzmitteilung

Palm KG – Am Palmberg 95 – 23923 Schönberg

Ihr Zeichen	Unser Zeichen	Datum

Mit der Bitte um

☐	Kenntnisnahme	☐	Anruf
☐	Stellungnahme	☐	Erledigung
☐	Rücksprache	☐	Bearbeitung
☐	Weiterleitung	☐	Rückgabe

Mit freundlichen Grüßen

Palm

Kurzmitteilung

Palm KG – Am Palmberg 95 – 23923 Schönberg

Ihr Zeichen	Unser Zeichen	Datum

Mit der Bitte um

☐	Kenntnisnahme	☐	Anruf
☐	Stellungnahme	☐	Erledigung
☐	Rücksprache	☐	Bearbeitung
☐	Weiterleitung	☐	Rückgabe

Mit freundlichen Grüßen

Gesprächsnotiz

An:	Datum:
Von:	Uhrzeit:

☐ erbittet Rückruf, am ....

☐ ruft wieder an, am ....

☐ rief zurück

☐ möchte Termin, am ....

☐ erbittet Besuch, am ....

Gesprächsinhalt

....

....

....

....

....

....

....

....

zu erledigen	**Termin**
Unterschrift:	

Aufgaben Kapitel 4.1.3, Zusatzaufgaben

1. Telefonische Gespräche abwickeln

Notieren Sie die Arbeitsschritte zur **Bearbeitung von Telefongesprächen**. Identifizieren Sie mögliche Fehlerquellen und geben Sie Hinweise zu einer störungsfreien Abwicklung.

Arbeitsablauf	Ist-Aufnahme	Soll-Vorschlag					Abteilung
Lfd. Nr.	**Stufen des Arbeitsablaufs**	**Symbole**					**Mögliche Fehlerquellen**
1		○	⇨	□	D	▽	
2		○	⇨	□	D	▽	
3		○	⇨	□	D	▽	
4		○	⇨	□	D	▽	
5		○	⇨	□	D	▽	
6		○	⇨	□	D	▽	
7		○	⇨	□	D	▽	
8		○	⇨	□	D	▽	
9		○	⇨	□	D	▽	

Hinweise zur störungsfreien Abwicklung:

Legende

Art der Tätigkeit	Symbol
Bearbeitung	○
Transport	⇨
Kontrolle	□
Warten	D
Ablage	▽

2. Persönliche Gespräche (sog. Face-to-face-Kommunikation) abwickeln

Notieren Sie die Rahmenbedingungen und Arbeitsschritte zur **Bearbeitung von persönlichen Gesprächen**. Identifizieren Sie mögliche Fehlerquellen und geben Sie Hinweise zu einer störungsfreien Abwicklung.

Arbeitsablauf	**Ist-Aufnahme**	**Soll-Vorschlag**					**Abteilung**
Lfd. Nr.	**Stufen des Arbeitsablaufs**	**Symbole**					**Mögliche Fehlerquellen**
1		○	⇨	□	D	▽	
2		○	⇨	□	D	▽	
3		○	⇨	□	D	▽	
4		○	⇨	□	D	▽	
5		○	⇨	□	D	▽	
6		○	⇨	□	D	▽	
7		○	⇨	□	D	▽	
8		○	⇨	□	D	▽	
9		○	⇨	□	D	▽	

Hinweise zur störungsfreien Abwicklung:

Legende

Art der Tätigkeit	Symbol
Bearbeitung	○
Transport	⇨
Kontrolle	□
Warten	D
Ablage	▽

4.1.4 Den Telefaxeingang abwickeln

Aufgaben Kapitel 4.1.4, Zusatzaufgabe

Notieren Sie die Rahmenbedingungen und Arbeitsschritte zur **Bearbeitung eingehender Telefaxe**. Identifizieren Sie mögliche Fehlerquellen und geben Sie Hinweise zu einer störungsfreien Abwicklung.

Arbeitsablauf	Ist-Aufnahme	Soll-Vorschlag					Abteilung
Lfd. Nr.	**Stufen des Arbeitsablaufs**	**Symbole**					**Mögliche Fehlerquellen**
1		○	⇨	□	D	▽	
2		○	⇨	□	D	▽	
3		○	⇨	□	D	▽	
4		○	⇨	□	D	▽	
5		○	⇨	□	D	▽	
6		○	⇨	□	D	▽	
7		○	⇨	□	D	▽	

Hinweise zur störungsfreien Abwicklung:

Legende

Art der Tätigkeit	Symbol
Bearbeitung	○
Transport	⇨
Kontrolle	□
Warten	D
Ablage	▽

4.2 Ausgehende Informationen bearbeiten

4.2.1 Den Postausgang bearbeiten

Aufgaben Kapitel 4.2.1, Zusatzaufgaben

1. Postdienstleister vergleichen
   Sie sind in der zentralen Poststelle Ihres Ausbildungsbetriebes eingesetzt und erhalten die Aufgabe, drei verschiedene private Postdienstleister zu vergleichen. Ziel ist es, die Kosten für die Frankierung der Sendungen (Briefe, Päckchen und Pakete), die **im Ort** anfallen, zu reduzieren. Die Zustellung soll weiterhin schnell und zuverlässig erfolgen.

   a) Recherchieren Sie, welche Anbieter infrage kommen und wählen Sie drei Postdienstleister aus.

   b) Vervollständigen Sie die Entscheidungstabelle.

Drei Postdienstleister im Vergleich

Kriterium / Anbieter			
1. Lizenz			
2. Abholung der Sendungen			
3. Mindestmengen für Abholung			
4. Briefsendungen			
Laufzeit			
Mindestmenge			
Preise			
5. Päckchen			
Laufzeit			
Mindestmenge			
Preise			
6. Pakete			
Laufzeit			
Mindestmenge			
Preise			
7.			
8.			
9.			

c) Warum wurde die Lizenz als erstes Entscheidungskriterium gewählt?

d) Welche weiteren Kriterien sollten die Postdienstleister ergänzend erfüllen? Wählen Sie mindestens zwei Kriterien aus, begründen Sie Ihre Auswahl und recherchieren Sie, ob die Postdienstleister die Kriterien erfüllen.

e) Welcher Postdienstleister ist der günstigste?

f) Welchen Postdienstleister empfehlen Sie? Begründen Sie Ihre Antwort ausführlich.

2. Den Postausgang abwickeln
Notieren Sie die Arbeitsschritte zur **Bearbeitung des Postausgangs**. Identifizieren Sie mögliche Fehlerquellen und geben Sie Hinweise zu einer störungsfreien Abwicklung.

Arbeitsablauf	Ist-Aufnahme	Soll-Vorschlag	Abteilung

Lfd. Nr.	Stufen des Arbeitsablaufs	Symbole					Mögliche Fehlerquellen
1		○	⇨	□	D	▽	
2		○	⇨	□	D	▽	
3		○	⇨	□	D	▽	
4		○	⇨	□	D	▽	
5		○	⇨	□	D	▽	
6		○	⇨	□	D	▽	
7		○	⇨	□	D	▽	
8		○	⇨	□	D	▽	
9		○	⇨	□	D	▽	

Hinweise zur störungsfreien Bearbeitung:

Legende

Art der Tätigkeit	Symbol
Bearbeitung	○
Transport	⇨
Kontrolle	□
Warten	D
Ablage	▽

3. Sie sind in der Poststelle der Palm KG für den Postausgang zuständig. Entscheiden Sie, welche Versandart bzw. welches Zusatzprodukt und ggf. welche Zusatzleistung für die nachfolgend aufgeführten Sendungen geeignet sind. Ermitteln Sie die Höhe der Kosten. Informationen und einen Portokalkulator finden Sie unter www.deutschepost.de.

Sendung	Versandart/Zusatzprodukt	Zusatzleistung	Kosten
a) Werbeflyer mit Antwortkarte (DL-Briefhülle, 15 g) an 75 Kunden in Deutschland			
b) Weihnachtskarten (C6-Briefhülle, 10 g) an 200 Kunden in Deutschland			
c) Werbebrief und Geschenkbox mit Design-Fineliner und Block (Gewicht: 84 g, Versandtasche B5) an 4 200 Kunden			
d) Flyer „Mehr Frische ins Büro“ zusammen mit einer Dose Pfefferminz-Bonbons (Gewicht: 54 g, DL-Briefhülle) an 250 Kunden in derselben Leitregion von Schönberg			
e) Image-Broschüre (DIN A4, C4-Hülle) an 5 potenzielle Kunden (Gewicht: 350 g)			
f) Vier Rollen für den Rollcontainer „KIT“ an unseren Kunden in Lüneburg (Gewicht: 900 g; 13,5 x 13,5 x 13,5 cm); Zustellung soll am Tag nach der Einlieferung erfolgen			
g) Diverses Informations- und Mustermaterial an unseren Handelsvertreter Mr. Bean, 54 Xample Street, LONDON, SW1E6LB, ENGLAND (Gewicht: 7,8 kg, 60 x 40 x 40 cm)			
h) Einrichtungsteile für einen Bürocontainer an unseren Kunden Andre Steller, Büroeinrichtungen, Auf der Hude 12 in 21339 Lüneburg (Gewicht: 18 kg, 80 x 60 x 60 cm); Kunde zahlt bei Anlieferung			
i) Eine CD mit Einrichtungsvorschlägen (Format 15 x 16 cm, Gewicht: 150 g, Briefhülle C5) und einer Kurzmitteilung an unseren Kunden in Berlin			
j) 25 Rechnungen an unsere Kunden in Deutschland			
k) Vertrag an unseren neuen Reisenden für den Bezirk Süd Olaf Schön, Maasweg 5, 80805 München (6 Seiten DIN A4, Briefhülle C4); die Sendung soll nur an den Reisenden persönlich ausgeliefert werden; die Auslieferung soll bescheinigt werden			
l) Werbeplakate in einer Versandrolle (80 x 11 cm, 1,2 kg) an unseren Kunden in Berlin			
m) Angebotsschreiben (2 DIN A4-Seiten, Briefhülle DL)			

n) Ordnen Sie die folgenden Versandlabel den Sendungen g), h) und k) zu und füllen Sie die Label richtig aus.

Rückschein National

Bitte **unbedingt** die Rückseite ausfüllen!

Sendungsnummer/Identcode

Auslieferungsvermerk

- ☐ Empfänger
- ☐ Empfangsbevollmächtigter
- ☐ Anderer Empfangsberechtigter (Ersatzempfänger gemäß AGB BRIEF NATIONAL bzw. AGB PAKET/EXPRESS NATIONAL)

Ich habe die Sendung dem Empfangsberechtigten übergeben.

Datum

Postmitarbeiter/Zusteller: Unterschrift

✗

Empfänger der Sendung

Name, Vorname/Firma

Straße und Hausnummer oder Postfach

Postleitzahl, Ort

Empfangsbestätigung

Name und Vorname in GROSSBUCHSTABEN

Ich bestätige, die Sendung am heutigen Tag erhalten zu haben.

Datum

Empfangsberechtigter: Unterschrift

✗

Vom Absender auszufüllen

911-008-000Stand:10/04

Deutsche Post

- ☐ EINSCHREIBEN EINWURF
- ☐ EINSCHREIBEN (Recommandé)
- ☐ EIGENHÄNDIG (A remettre en main propre)
- ☐ INT. NACHNAHME (Remboursement)
- ☐ RÜCKSCHEIN (Avis de réception)

B 912-871-000

R

RG 49 645 005 8DE

36/14

Deutsche Post

Rückschein National

Entgelt bezahlt

Sehr geehrte Kundin, sehr geehrter Kunde!

Tragen Sie bitte rechts Ihre vollständige Adresse ein.

Bitte vergessen Sie nicht: Auch auf der Sendung sind Ihre Absenderangaben anzugeben.

Füllen Sie bitte auch auf der Rückseite folgende Felder aus:

- „Empfänger der Sendung"
- ggf. „Sendungsnummer/Identcode"

Vergessen Sie Ihre Adresse nicht!

Bitte zurücksenden an:

Name

Vorname

Straße und Hausnummer oder Postfach

Postleitzahl, Ort

- Diesen Schutzstreifen bitte nicht abziehen -

- Diesen Schutzstreifen bitte nicht abziehen -

Sendung ______________________________

DHL Paket und Päckchen Deutschland + EU DHL

Absender / Expéditeur

Postleitzahl Ort

Deutschland / Allemagne

(96)993017

Empfänger / Destinataire

Tel. (nur bei EU-Versand oder Sperrgut)

Straße und Hausnummer (deutschlandweit kein Postfach)

Postleitzahl Ort

Bestimmungsland / Pays de destination

912-685-000 01/15

Bitte hier Frankierung für Pakete oder Päckchen aufkleben.

Zulässige Maße und Gewichte: siehe Rückseite.

Die DHL PAKETMARKE EU ist für den Versand in folgende Länder gültig: Belgien, Bulgarien, Dänemark (außer Färöer, Grönland), Estland, Finnland (außer Ålandinseln), Frankreich (außer überseeische Gebiete und Departements), Griechenland (außer Berg Athos), Großbritannien (außer Kanalinseln), Irland, Italien (außer Livigno und Campione d'Italia), Kroatien, Lettland, Litauen, Luxemburg, Malta, Monaco, Niederlande (außer außereuropäische Gebiete), Österreich, Polen, Portugal, Rumänien, Schweden, Slowakei, Slowenien, Spanien (außer Kanarische Inseln, Ceuta, Melilla), Tschechische Republik, Ungarn, Zypern (außer Nordteil)

Immer 100 % klimaneutral deutschlandweit

www.dhl.de/gogreen

GOGREEN

Der klimaneutrale Versand mit DHL

Wünschen Sie zusätzliche Services?

Bitte hier Servicemarken aufkleben.

Weitere Informationen: siehe Rückseite.

Auftragnehmer (Frachtführer) ist die Deutsche Post AG. Es gelten für Päckchen die AGB BRIEF NATIONAL bzw. INTERNATIONAL und für Pakete die AGB DHL PAKET / EXPRESS NATIONAL bzw. PAKET INTERNATIONAL in der jeweils zum Zeitpunkt der Einlieferung gültigen Fassung. Der Absender versichert, dass keine danach ausgeschlossenen Güter in der von ihm eingelieferten Sendung enthalten sind.

Sendung ______________________________

Paket bis 2 kg DHL

DHL Online Frankierung

Von/From:

An/To:

Entgelt Bezahlt Port Payé

Höchstmaße: 60 x 30 x 15 cm

Sendungsnr.:

GOGREEN Der klimaneutrale Versand mit DHL

N Ohne Zahlschein BL Betrag: EUR

Hinweis: Der Nachnahme-Betrag beinhaltet das Übermittlungsentgelt i.H.v. 2,00 EUR, welches DPDHL für die Anweisung des Betrages einbehält.

12.990.000948 7

DHL Paket und Päckchen Deutschland + EU DHL

Absender / Expéditeur

Postleitzahl Ort

Deutschland / Allemagne

(96)993017

Empfänger

Tel. (nur bei EU-Versand oder Sperrgut)

Straße und Hausnummer (deutschlandweit kein Postfach)

Postleitzahl Ort

Bestimmungsland / Pays de destination

Legende

Art der Tätigkeit	Symbol
Bearbeitung	○
Transport	⇨
Kontrolle	□
Warten	D
Ablage	▽

912-685-000 01/15

Bitte hier Frankierung für Pakete oder Päckchen aufkleben.

Zulässige Maße und Gewichte: siehe Rückseite.

Die DHL PAKETMARKE EU ist für den Versand in folgende Länder gültig: Belgien, Bulgarien, Dänemark (außer Färöer, Grönland), Estland, Finnland (außer Ålandinseln), Frankreich (außer überseeische Gebiete und Departements), Griechenland (außer Berg Athos), Großbritannien (außer Kanalinseln), Irland, Italien (außer Livigno und Campione d'Italia), Kroatien, Lettland, Litauen, Luxemburg, Malta, Monaco, Niederlande (außer außereuropäische Gebiete), Österreich, Polen, Portugal, Rumänien, Schweden, Slowakei, Slowenien, Spanien (außer Kanarische Inseln, Ceuta, Melilla), Tschechische Republik, Ungarn, Zypern (außer Nordteil)

Immer 100 % klimaneutral deutschlandweit

www.dhl.de/gogreen

GOGREEN

Der klimaneutrale Versand mit DHL

Wünschen Sie zusätzliche Services?

Bitte hier Servicemarken aufkleben.

Weitere Informationen: siehe Rückseite.

Auftragnehmer (Frachtführer) ist die Deutsche Post AG. Es gelten für Päckchen die AGB BRIEF NATIONAL bzw. INTERNATIONAL und für Pakete die AGB DHL PAKET / EXPRESS NATIONAL bzw. PAKET INTERNATIONAL in der jeweils zum Zeitpunkt der Einlieferung gültigen Fassung. Der Absender versichert, dass keine danach ausgeschlossenen Güter in der von ihm eingelieferten Sendung enthalten sind.

Sendung ______________________________

4.2.2 Den Ausgang von E-Mail, Telefax und Gesprächen bearbeiten

Aufgaben Kapitel 4.2.2, S. 217, Aufgabe 2 und 3

1. Den E-Mail-Ausgang bearbeiten

Notieren Sie die Arbeitsschritte zur **Bearbeitung ausgehender E-Mails**. Identifizieren Sie mögliche Fehlerquellen und geben Sie Hinweise zu einer störungsfreien Abwicklung.

Arbeitsablauf		Ist-Aufnahme	Soll-Vorschlag				Abteilung
Lfd. Nr.	**Stufen des Arbeitsablaufs**		**Symbole**				**Mögliche Fehlerquellen**
1		○	⇨	□	D	▽	
2		○	⇨	□	D	▽	
3		○	⇨	□	D	▽	
4		○	⇨	□	D	▽	
5		○	⇨	□	D	▽	
6		○	⇨	□	D	▽	

Hinweise zur störungsfreien Bearbeitung:

Legende

Art der Tätigkeit	Symbol
Bearbeitung	○
Transport	⇨
Kontrolle	□
Warten	D
Ablage	▽

2. Den Telefax-Ausgang bearbeiten

Notieren Sie die Arbeitsschritte zur **Bearbeitung ausgehender Telefaxe**. Identifizieren Sie mögliche Fehlerquellen und geben Sie Hinweise zu einer störungsfreien Abwicklung.

Arbeitsablauf	Ist-Aufnahme	Soll-Vorschlag					Abteilung
Lfd. Nr.	**Stufen des Arbeitsablaufs**	**Symbole**					**Mögliche Fehlerquellen**
1		○	⇨	□	D	▽	
2		○	⇨	□	D	▽	
3		○	⇨	□	D	▽	
4		○	⇨	□	D	▽	
5		○	⇨	□	D	▽	
6		○	⇨	□	D	▽	
7		○	⇨	□	D	▽	

Hinweise zur störungsfreien Bearbeitung:

Legende

Art der Tätigkeit	Symbol
Bearbeitung	○
Transport	⇨
Kontrolle	□
Warten	D
Ablage	▽

Aufgabe Kapitel 4.2.2, Zusatzaufgabe

Gespräche vorbereiten

Notieren Sie die Arbeitsschritte zur **Vorbereitung von Gesprächen**. Identifizieren Sie mögliche Fehlerquellen und geben Sie Hinweise zu einer störungsfreien Abwicklung.

Arbeitsablauf	**Ist-Aufnahme**	**Soll-Vorschlag**					**Abteilung**
Lfd. Nr.	**Stufen des Arbeitsablaufs**	**Symbole**					**Mögliche Fehlerquellen**
1		○	⇨	□	D	▽	
2		○	⇨	□	D	▽	
3		○	⇨	□	D	▽	
4		○	⇨	□	D	▽	
5		○	⇨	□	D	▽	

Hinweise zur störungsfreien Bearbeitung:

Legende	
Art der Tätigkeit	Symbol
Bearbeitung	○
Transport	⇨
Kontrolle	□
Warten	D
Ablage	▽

5 Wir ordnen und bewahren Schriftstücke und elektronische Dokumente auf

5.2 Aufbewahrungsfristen unterscheiden

Aufgabe Kapitel 5.2, Zusatzaufgabe

Vervollständigen Sie den Schriftgutkatalog der Palm KG. Bis zu welchem Jahr kann das jeweilige Schriftgut ab 01.01.20xx vernichtet werden?

Schriftgutkatalog
Vernichtung ab 01.01.20xx

Palm

Schriftgut	gesetzliche Aufbewahrungsfrist	betriebliche Aufbewahrungsfrist	Vernichtung	Aufbewahrungsort gemäß Ablageplan (Schulbuch S. 224)
Angebote mit Auftragsfolge	6 Jahre	wie gesetzlich		Archiv 4 Vertrieb
Angebote ohne Auftragsfolge	--	1 Jahr		Archiv 4 Vertrieb
Arbeitsanweisungen für die EDV-Buchführung		wie gesetzlich		
Ausgangsrechnungen		wie gesetzlich		
Aushänge		1 Jahr		
Bankbelege		wie gesetzlich		
Bestellunterlagen		wie gesetzlich		
Bilanzen		wie gesetzlich		
Buchungsanweisungen		wie gesetzlich		
Buchungsbelege		wie gesetzlich		
Eingangsrechnungen		wie gesetzlich		
Finanzpläne		5 Jahre		
Frachtbriefe		wie gesetzlich		
Gebrauchsanweisungen		Gerätenutzung		
Gehaltslisten		wie gesetzlich		
Geschäftsbriefe		wie gesetzlich		
Handelsregisterauszüge		wie gesetzlich		
Herstellungsverfahren		dauerhaft		
Inventar		wie gesetzlich		
Kontoauszüge		wie gesetzlich		
Lieferscheine		wie gesetzlich		
Mahnbescheide		wie gesetzlich		
Mietunterlagen		wie gesetzlich		
Patente		dauerhaft		
Preislisten		10 Jahre		
Pressespiegel		dauerhaft		

Schriftgut	gesetzliche Aufbewahrungsfrist	betriebliche Aufbewahrungsfrist	Vernichtung	Aufbewahrungsort gemäß Ablageplan (Schulbuch S. 224)
Protokolle		wie gesetzlich		
Quittungen		wie gesetzlich		
Reisekostenabrechnungen		wie gesetzlich		
Steuerunterlagen		wie gesetzlich		
Umsatzstatistiken		5 Jahre		
Versicherungspolicen		dauerhaft		

5.4 Ordnungssysteme anwenden

Aufgaben Kapitel 5.4, Zusatzaufgaben

1. Schriftstücke mit folgenden Bezeichnungen wurden vorsortiert.

	Büro Sander GmbH
	Büro-Könnemann GmbH
	Der Büromarkt GmbH
	Büro-Modern GmbH
	Büro Rabe AG

	Gräfin Caroline von Hohenburg
	Dr. Manfred Hohn
	Dr. Katharina Holm
	Prof. Petra Holm
	Graf Alexander von Hohenburg

	Ina Stein e. K.
	André Steller e. K.
	Stilhaus KG
	Sommer Büro GmbH
	Stephan Stratmann e. K.

	Krüger, Claudia
	Krüger, Jan
	Krüger, Till
	Krüger, Tanja
	Krüger, Uwe

	Feldmühle Holz AG
	Gruber & Jahn Pappe GmbH
	Schröder GmbH
	Nico Schubert GmbH
	Laura Leith GmbH & Co. KG

	Allianz, Schönberg
	AOK, Schönberg
	DAK, Schönberg
	ADAC, Schönberg
	DRK, Schönberg

a) Markieren Sie jeweils das falsch eingeordnete Schriftstück und geben Sie durch Nummerierung die richtige Reihenfolge an.

b) Häufig kommt es vor, dass Schriftstücke unseres Kunden Der Büromarkt GmbH gesucht werden, weil sie nicht an der richtigen Stelle abgelegt sind. Wie können Sie diesen Fehler in Zukunft vermeiden?

2. Unsere Kunden sind wie folgt geordnet:

24001	Büro Sander GmbH
24002	Büro Rabe AG
24003	Colitz AG
24004	Büro Könnemann GmbH
24005	Büro-Modern GmbH

a) Wie wird diese Ordnung bezeichnet?

b) Wie kann sichergestellt werden, dass die Schriftstücke zügig gefunden werden?

c) Erstellen Sie das Hilfsmittel.

5.5 Arten der Registratur vergleichen

Aufgaben Kapitel 5.5, S. 230, Aufgabe 7

1. An Ihrem Ausbildungsplatz sind folgende Schriftgutbehälter zur Aufbewahrung vorhanden. Ordnen Sie diesen die richtige Bezeichnung, die zugehörige Art der Registratur sowie ihre Vor- und Nachteile zu.

Schriftgutbehälter	Bezeichnung	Art der Registratur	Vorteile	Nachteile

Schriftgutbehälter	Bezeichnung	Art der Registratur	Vorteile	Nachteile

2. Recherchieren Sie zu jeder Art der Registratur Beispiele für geeignetes Mobiliar und Zubehör.

Art der Registratur	Mobiliar	Zubehör
liegend		
stehend		
vertikal hängend		
lateral hängend		

3. Sie wollen die Ordner in Ihrem Büro (Ihren Schulordner) neu beschriften. Erstellen Sie Ordnerrücken mithilfe des PCs. Zur Beschriftung von Ordnerrücken finden Sie eine Beispielvorlage im DL, Vorlagen in Ihrem Textverarbeitungsprogramm, z. B. Word unter Datei ↳ neu ↳ Vorlagen ↳ Etiketten ↳ andere Beschriftungen, oder Sie erstellen sich eine persönliche Vorlage. Hierfür benötigen Sie Kenntnisse über das Erstellen von Tabellen, Einfügen von Grafiken, Textformatierung (siehe Memo-Band Informationsverarbeitung).

6 Wir berücksichtigen Maßnahmen zur Erhaltung und Förderung der Gesundheit

6.2 Maßnahmen zur Förderung der Gesundheit ermitteln

6.2.1 Informationen über Arbeits- und Gesundheitsschutzvorschriften sammeln

Aufgabe Kapitel 6.2.1, S. 252, Aufgabe 4

Checkliste Arbeitssicherheit im Büro

	entdeckt ja/nein	wo?, Bemerkungen
1. Elektrizität:		
Fehlerhafte Verwendung von Verteilersteckern und Verlängerungsleitungen?		
Kabel zu Geräten lose und nicht trittsicher verlegt?		
Beschädigte Geräte, Kabel oder Stecker in Betrieb?		
Falsche Verwendung von Kochutensilien, Heizgeräten, Lampen?		
Geräte nach Büroschluss noch unter Strom?		
2. Freie Wege:		
Verbindungsgänge zum Arbeitsplatz < 0,6 m breit? (DIN 4543-1 und ASR 17/1,2)		
Zugänge zum Einstellen der Heizung oder Öffnen des Fensters < 0,5 m breit? (BGI 650)		
Fenstergriffe, Temperaturregler, Lichtschalter nicht frei zugänglich? (DIN 4543-1 und ASR 17/1,2)		
Werden Sturz- und Stolperfallen festgestellt?		
Werden Verletzungs- und Rutschgefahren festgestellt?		
3. Brandschutz:		
Fehlen Fluchtwegweiser?		
Fehlt die Brandschutzordnung?		
Fehlen Feuerlöscher?		
Fehlen Rauchmelder?		
Werden Schutztüren offen gehalten (z. B. durch Keile)?		
Sind Fluchtwege versperrt?		
Gibt es Geräte und Kabel mit Überhitzungsgefahr?		
Gibt es zu viel leicht entzündliches Material (z. B. Akten, Gardinen)?		
4. Sonstiges:		
Verwenden Sie ungeeignete Aufstiegshilfen, z. B. Trittleitern?		
Fehlt ein Verbandskasten?		
Fehlt ein Verbandbuch, um Unfälle mit weniger als drei Tagen Ausfallzeit zu dokumentieren?		
Mitarbeitern im Büro fehlen Kenntnisse über Erste-Hilfe-Maßnahmen?		
Es steht nicht für jeden Arbeitsbereich mit Ablagehöhen von mehr als 1,80 m eine Leiter oder ein Tritt bereit.		
Sonstige Anmerkungen:		

Aufgaben Kapitel 6.2, Zusatzaufgaben

1. Der Verband der gewerblichen Berufsgenossenschaften stellt Fragebögen für Arbeitssicherheit und Gesundheitsschutz zur Verfügung. Diese Fragebögen können zur Unterweisung der Beschäftigten genutzt werden.

   a) Öffnen Sie die Internetseite: www.vbg.de/zeitarbeit-fb/

   b) Bearbeiten Sie den Fragebogen **„0 Allgemeine Themen"**.

   c) Werten Sie den Fragebogen aus. Korrigieren Sie ggf. fehlerhafte Antworten.

   d) Bearbeiten Sie den Fragebogen **„6 Bürobereich"**.

   e) Werten Sie den Fragebogen aus. Korrigieren Sie ggf. fehlerhafte Antworten.

2. Erstellen Sie für Ihr Bürohandbuch ein Merkblatt „Unfallanzeige". Hinweise finden Sie unter http://www.bghm.de/arbeitnehmer/unfallmeldung/. Notieren Sie,

   - wer verpflichtet ist, eine Unfallanzeige zu erstatten,
   - wann eine Unfallanzeige erstattet werden muss,
   - wer ein Exemplar der Unfallanzeige erhält,
   - wer zu informieren ist,
   - innerhalb welcher Frist die Unfallanzeige zu erstatten ist,
   - wohin die Unfallanzeige zusenden ist.

3. Nach der Mittagspause gehen Ewa Nowak und Stefanie Dammer, Auszubildende der Palm KG, gemeinsam zu ihren Büroräumen. Sie unterhalten sich angeregt über die geplante Weihnachtsfeier der Auszubildenden. Plötzlich rutscht Ewa auf der letzten Stufe der Treppe aus, fällt hin und verletzt sich den rechten Knöchel. Stefanie hilft ihr beim Aufstehen, aber das Auftreten schmerzt so sehr, dass Ewa nicht gehen kann.

   a) Wie sollte sich Stefanie verhalten?

b) Die ärztliche Untersuchung ergibt, dass der Knöchel von Ewa stark verstaucht ist. Sie darf den Knöchel vier Tage nicht belasten und erhält für diesen Zeitraum eine Arbeitsunfähigkeitsbescheinigung von dem behandelnden Arzt. Was muss Ewa tun?

c) Sie sind bei der Palm KG zur Anzeige von Unfällen bevollmächtigt. Erstellen Sie die Unfallanzeige. Hinweis: Einen Vordruck finden Sie auf der nächsten Seite.

UNFALLANZEIGE

1 Name und Anschrift des Unternehmens

2 Unternehmensnummer des Unfallversicherungsträgers

3 Empfänger

4 Name, Vorname des Versicherten		5 Geburtsdatum	Tag	Monat	Jahr
6 Straße, Hausnummer	Postleitzahl	Ort			

7 Geschlecht ☐ männlich ☐ weiblich

8 Staatsangehörigkeit

9 Leiharbeitnehmer ☐ ja ☐ nein

10 Auszubildender ☐ ja ☐ nein

11 Ist der Versicherte ☐ Unternehmer ☐ Ehegatte des Unternehmers ☐ mit dem Unternehmer verwandt ☐ Gesellschafter/Geschäftsführer

12 Anspruch auf Entgeltfortzahlung besteht für ☐ Wochen

13 Krankenkasse des Versicherten (Name, PLZ, Ort)

14 Tödlicher Unfall? ☐ ja ☐ nein

15 Unfallzeitpunkt: Tag | Monat | Jahr | Stunde | Minute

16 Unfallort (genaue Orts- und Straßenangabe mit PLZ)

17 Ausführliche Schilderung des Unfallhergangs (Verlauf, Bezeichnung des Betriebsteils, ggf. Beteiligung von Maschinen, Anlagen, Gefahrstoffen)

Die Angaben beruhen auf der Schilderung ☐ des Versicherten ☐ anderer Personen

18 Verletzte Körperteile

19 Art der Verletzung

20 Wer hat von dem Unfall zuerst Kenntnis genommen? (Name, Anschrift des Zeugen)

War diese Person Augenzeuge? ☐ ja ☐ nein

21 Name und Anschrift des erstbehandelnden Arztes/Krankenhauses

22 Beginn und Ende der Arbeitszeit des Versicherten: Beginn Stunde | Minute; Ende Stunde | Minute

23 Zum Unfallzeitpunkt beschäftigt/tätig als

24 Seit wann bei dieser Tätigkeit? Monat | Jahr

25 In welchem Teil des Unternehmens ist der Versicherte ständig tätig?

26 Hat der Versicherte die Arbeit eingestellt? ☐ nein ☐ sofort später, am Tag | Monat | Stunde

27 Hat der Versicherte die Arbeit wieder aufgenommen? ☐ nein ☐ ja, am Tag | Monat | Jahr

28 Datum | Unternehmer/Bevollmächtigter | Betriebsrat (Personalrat) | Telefon-Nr. für Rückfragen (Ansprechpartner)

4. Fachbegriffe wiederholen

   a) Erstellen Sie in Gruppen oder allein Karten nach folgenden Mustern zu den Themen der Lernsituation 6. Wählen Sie passende Oberbegriffe aus und ordnen Sie diesen vier erklärende Unterbegriffe zu. Mögliche Themen und Oberbegriffe:

Thema	Oberbegriffe	weitere Oberbegriffe
Belastungen an Büroarbeitsplätzen	physische Belastungen, Arbeitsplatz, Arbeitsumgebung	
Arbeitsschutz	Notfallorganisation, Erste Hilfe, Brandschutz	
Arbeitssicherheit	Unfallverhütung, Berufsgenossenschaften, Verbotsschilder	
Arbeitszeit	Arbeitszeitgesetz, Teilzeitarbeit, Jobsharing	
betriebliche Maßnahmen zur Förderung der Gesundheit	betriebliches Eingliederungsmanagement, Telearbeit, Beratung	
individuelle Maßnahmen zur Förderung der Gesundheit	Stressbewältigung, Bewegung, Suchtprävention	

Beispiele für Karten:

physische Belastung

- Körper
- Schmerzen
- Rücken
- Kopf

Arbeitsschutz

- Gesundheit
- Mängel
- Pflicht
- Arbeitgeber

Arbeitssicherheitsgesetz

- Betriebsarzt
- Sicherheitsingenieur
- Unfallverhütung
- Fachkraft für Arbeitssicherheit

Arbeitszeitordnung

- 8 Stunden täglich
- Ruhepause
- über 18-Jährige
- 15 Minuten

betriebliche Gesundheitsförderung

- Gesundheitstag
- Konfliktmanagement
- Nichtraucherprogramme
- Kantinenessen

individuelle Gesundheitsförderung

- Ernährung
- Bewegung
- Umgang mit Stress
- dynamischer Arbeitsstil

   b) Führen Sie das **Wörtererklärungsspiel** durch. Hierfür benötigen Sie
   - zwei Gruppen (Team A und Team B), die gegeneinander spielen,
   - eine (Stopp-)Uhr mit Sekundenzeiger,
   - eine Spielleitung, die die Punkte notiert.

In den Teams wird festgelegt, wer als Erster das Wort erklärt, die anderen müssen das Wort raten.

Die erklärende Person von Team A steht zusammen mit zwei Personen von Team B, die der erklärenden Person über die Schulter schauen, vor der Klasse. Eine Person von Team B hält die Karten und zeigt sie der erklärenden Person von Team A. Diese hat nun **45 Sekunden Zeit**, den Oberbegriff zu erklären, der von dem Team A erraten werden soll. **Dabei dürfen die erklärenden Unterbegriffe nicht verwendet werden, und zwar in keiner Form. Beispielsweise dürfen beim gesuchten Obergriff „Arbeitsschutz" (siehe Karte oben) weder die Wörter „Arbeit", „Schutz", „arbeiten" oder „schützen", und auch nicht „gesund", „bemängeln", „Pflichten" usw. verwendet werden**. Die Person von Team B, die die Karten hält, achtet auf die Einhaltung dieser Regel, die zweite Person auf die Einhaltung der Zeit. Sind 45 Sekunden abgelaufen, ist laut „STOPP" zu rufen. Wird ein Begriff richtig erraten, so wird die Karte zur Seite gelegt und der nächste Begriff ist zu erklären.

Nach Ablauf der Zeit erhält das Team für jeden erratenen Begriff einen Punkt. Sollte gegen die Regeln verstoßen werden, so erhält das gegnerische Team den Punkt. Danach wechseln die Teams. Sind alle Karten eingesetzt, so endet das Spiel. Das Team mit der höheren Punktzahl gewinnt das Spiel.

Lernfeld 3 Aufträge bearbeiten

1 Wir analysieren den Geschäftsprozess der Auftragsbearbeitung

1.2 Den Bereich der Auftragsbearbeitung kennenlernen

Aufgabe Kapitel 1.2, S. 273, Aufgabe 6

Fragenkatalog zur Ermittlung des Leistungsangebots meines Ausbildungsbetriebes

Was sind Leistungen unseres Kerngeschäfts?	
Was sind Leistungen unseres Randgeschäfts?	
An welchen Standorten bzw. für welche Regionen bieten wir die Leistungen an?	
In welchen Leistungsbereichen wurde in den letzten Jahren unser Angebot besonders ausgebaut?	
In welchen Bereichen sind wir im Vergleich zu Mitbewerbern besonders gut?	
Mit welchen Kooperations-partnern bieten wir Leistungen an?	

Aufgabe Kapitel 1.2, S. 277, Aufgabe 5

Fragenkatalog zur Ermittlung der Kundenstruktur

Welche sind unsere wichtigsten Kunden?	
Woher kommen insbesondere unsere wichtigsten Kunden?	
Bieten wir unsere Leistungen an Endverbraucher und auch an den Zwischenhandel oder staatliche Kunden an?	
Wie lassen sich Kunden nach Branchen/Alter etc. unterscheiden?	
Welche Ansprüche stellen unsere Kunden insbesondere an unsere Leistungen?	

Aufgabe Kapitel 1.2, S. 280, Aufgabe 3

Fragenkatalog zur Ermittlung der Befugnisse in der Auftragsbearbeitung (Verantwortungsbereiche)

Wer darf Angebote erstellen? Gibt es hier Unterschiede oder eine Arbeitsteilung? Wer darf besondere Konditionen vereinbaren?	
Wer erfasst Kundendaten in der Unternehmenssoftware?	
Wer bekommt Angebote vor Ausgang/nach Ausgang zur Kenntnis?	
Wer fragt beim Kunden bzgl. abgegebener Angebote nach?	
Wer nimmt Bestellungen an und erstellt Auftragsbestätigungen?	
Wer erstellt Lieferscheine?	
Wer ist für Reklamationen zuständig?	
Wer ist für die Erstellung von Rechnungen zuständig?	
Wer ist für den Zahlungsverkehr mit Kunden zuständig?	
Wer ist für sonstige Aufgaben in der Auftragsbearbeitung zuständig?	

1.3 Prozess und Belege der Auftragsbearbeitung

Aufgaben Kapitel 1.3, S. 286, Aufgabe 1

Sie erhalten die folgenden Belege der Auftragsbearbeitung, sollen diese Belege erläutern und richtig in den Prozess der Auftragsbearbeitung einordnen. (Belege hier nicht in der richtigen Bearbeitungsreihenfolge).

Vorlage Angebot

Palm

Palm KG · Am Palmberg 95 · 23923 Schönberg

Colitz AG
Einkauf
Celler Str. 44 – 50
30161 Hannover

Kunden-Nr.:	24003
Bearbeiter:	Frau Ziegler
Steuernr.:	555 555 5555
USt-IDNr.:	DE333333333
Lieferdatum:	06.01.20..
Datum:	02.01.20..

Angebot Nr. 101

Pos	Menge		Text	Einzelpreis EUR	Gesamtpreis EUR
1	5,00	Stück	Winkelschreibtisch Classic Farbe: buche, höhenverstellbar, Arbeitsplatte: 25 mm mit gerundeter 2 mm-Kunststoffkante, 200 x 68 – 76 x 120 cm	395,20	1.976,00
2	10,00	Stück	Rollcontainer Farben: weiß, Walnuss, 3 Schübe, Maße (B x H x T); 43,5 x 60 x 55 cm, montiert	99,20	992,00
3	5,00	Stück	Bürodrehstuhl Wipptechnik, Stahlfußkreuz verchromt, Designarmlehne, Bezugsstoff Echtleder/Netz, bis 4 Stunden täglich	134,70	673,50
4	5,00	Stück	Schreibtischlampe Energieeffizienzklasse A, Lampe mit Leuchtmittel, Anschlusskabel, Arm verchromt	64,35	321,75
Gesamtbetrag netto					3.963,25
zzgl. 19,00 % USt. auf				3.963,25	753,02
Gesamtbetrag					4.716,27

Zahlbar innerhalb von 30 Tagen ohne Abzug.

Bankverbindung: Spk Mecklenburg-Nordwest
BLZ 140 510 00
Kto-Nr. 11 999 111
IBAN DE09 1405 1000 0011 9991 11
BIC NOLADE21WIS

Inhaberin: Hannah Palm
Modellunternehmen für den Unterricht an BBS

Amtsgericht Wismar
HRA 3199

Anschrift Finanzamt: Wismar, Philosophenweg 1, 23970 Wismar
Bankverbindung Finanzamt: BBk Rostock, BLZ 130 000 00, Kto.-Nr. 14 001 516

Vorlage Rechnung

Palm

Palm KG · Am Palmberg 95 · 23923 Schönberg

Colitz AG
Einkauf
Celler Str. 44 – 50
30161 Hannover

Kunden-Nr.:	24003
Bearbeiter:	Frau Ziegler
Bestellnr.	455
Steuernr.:	555 555 5555
USt-IDNr.:	DE333333333
Lieferdatum:	06.01.20..
Datum:	06.01.20..

Rechnung Nr. 401

Pos	Menge		Text	Einzel-preis EUR	Gesamt-preis EUR
1	5,00	Stück	Winkelschreibtisch Classic Farbe: Buche, höhenverstellbar, Arbeitsplatte: 25 mm mit gerundeter 2 mm-Kunstoffkante, 200 x 68 – 76 x 120 cm	395,20	1.976,00
2	10,00	Stück	Rollcontainer Farben: weiß, Walnuss, 3 Schübe, Maße (B x H x T); 43,5 x 60 x 55 cm, montiert	99,20	992,00
3	5,00	Stück	Bürodrehstuhl Wipptechnik, Stahlfußkreuz verchromt, Designarmlehne, Bezugsstoff Echtleder/Netz, bis 4 Stunden täglich	134,70	673,50
4	5,00	Stück	Schreibtischlampe Energieeffizienzklasse A, Lampe mit Leuchtmittel, Anschlusskabel, Arm verchromt	64,35	321,75
Gesamtbetrag netto					3.963,25
zzgl. 19,00 % USt. auf				3.963,25	753,02
Gesamtbetrag					4.716,27

Zahlbar innerhalb von 30 Tagen ohne Abzug.

Bankverbindung: Spk Mecklenburg-Nordwest
BLZ 140 510 00
Kto-Nr. 11 999 111
IBAN DE09 1405 1000 0011 9991 11
BIC NOLADE21WIS

Inhaberin: Hannah Palm
Modellunternehmen für den Unterricht an BBS

Amtsgericht Wismar
HRA 3199

Anschrift Finanzamt: Wismar, Philosophenweg 1, 23970 Wismar
Bankverbindung Finanzamt: BBk Rostock, BLZ 130 000 00, Kto.-Nr. 14 001 516

Vorlage Lieferschein

Palm

Palm KG · Am Palmberg 95 · 23923 Schönberg

Colitz AG
Einkauf
Celler Str. 44 – 50
30161 Hannover

Kunden-Nr.:	24003
Bearbeiter:	Frau Ziegler
Bestellnr.	455
Steuernr.:	555 555 5555
USt-IDNr.:	DE333333333
Lieferdatum:	06.01.20..
Datum:	04.01.20..

Lieferschein Nr. 301

Pos	Menge		Gewicht kg	Text
1	5,00	Stück	374,000	Winkelschreibtisch Classic Farbe: Buche, höhenverstellbar, Arbeitsplatte: 25 mm mit gerundeter 2 mm-Kunststoffkante, 200 x 68 – 76 x 120 cm
2	10,00	Stück	367,000	Rollcontainer Farben: weiß, Walnuss, 3 Schübe, Maße (B x H x T); 43,5 x 60 x 55 cm, montiert
3	5,00	Stück	77,500	Bürodrehstuhl Wipptechnik, Stahlfußkreuz verchromt, Designarmlehne, Bezugsstoff Echtleder/Netz, bis 4 Stunden täglich
4	5,00	Stück	12,000	Schreibtischlampe Energieeffizienzklasse A, Lampe mit Leuchtmittel, Anschlusskabel, Arm verchromt

Das Nettogewicht beträgt 830,00 kg.

Zahlbar innerhalb von 30 Tagen ohne Abzug.

Bankverbindung: Spk Mecklenburg-Nordwest
BLZ 140 510 00
Kto-Nr. 11 999 111
IBAN DE09 1405 1000 0011 9991 11
BIC NOLADE21WIS

Inhaberin: Hannah Palm
Modellunternehmen für den Unterricht an BBS

Amtsgericht Wismar
HRA 3199

Anschrift Finanzamt: Wismar, Philosophenweg 1, 23970 Wismar
Bankverbindung Finanzamt: BBk Rostock, BLZ 130 000 00, Kto.-Nr. 14 001 516

Vorlage Auftragsbestätigung

Palm

Palm KG · Am Palmberg 95 · 23923 Schönberg

Colitz AG
Einkauf
Celler Str. 44 – 50
30161 Hannover

Kunden-Nr.:	24003
Bearbeiter:	Frau Ziegler
Bestellnr.	455
Steuernr.:	555 555 5555
USt-IDNr.:	DE333333333
Lieferdatum:	06.01.20..
Datum:	04.01.20..

Auftragsbestätigung Nr. 201

Pos	Menge		Text	Einzelpreis EUR	Gesamtpreis EUR
1	5,00	Stück	Winkelschreibtisch Classic Farbe: buche, höhenverstellbar, Arbeitsplatte: 25 mm mit gerundeter 2 mm-Kunststoffkante, 200 x 68 – 76 x 120 cm	395,20	1.976,00
2	10,00	Stück	Rollcontainer Farben: weiß, Walnuss, 3 Schübe, Maße (B x H x T); 43,5 x 60 x 55 cm, montiert	99,20	992,00
3	5,00	Stück	Bürodrehstuhl Wipptechnik, Stahlfußkreuz verchromt, Designarmlehne, Bezugsstoff Echtleder/Netz, bis 4 Stunden täglich	134,70	673,50
4	5,00	Stück	Schreibtischlampe Energieeffizienzklasse A, Lampe mit Leuchtmittel, Anschlusskabel, Arm verchromt	64,35	321,75
Gesamtbetrag netto					3.963,25
zzgl. 19,00 % USt. auf				3.963,25	753,02
Gesamtbetrag					**4.716,27**

Zahlbar innerhalb von 30 Tagen ohne Abzug.

Bankverbindung: Spk Mecklenburg-Nordwest
BLZ 140 510 00
Kto-Nr. 11 999 111
IBAN DE09 1405 1000 0011 9991 11
BIC NOLADE21WIS

Inhaberin: Hannah Palm
Modellunternehmen für den Unterricht an BBS

Amtsgericht Wismar
HRA 3199

Anschrift Finanzamt: Wismar, Philosophenweg 1, 23970 Wismar
Bankverbindung Finanzamt: BBk Rostock, BLZ 130 000 00, Kto.-Nr. 14 001 516

Aufgaben zur Vertiefung und Vorbereitung auf die Abschlussprüfung:

Aufgaben Kapitel 1.3, S. 287, Vertiefungsaufgabe 1 (unten)

Checkliste

Auftragsbearbeitung und Nachbereitung

Berufsprofilgebende Fertigkeiten, Kenntnisse und Fähigkeiten:	Nennen Sie kurz jeweils zwei Aspekte, die Sie besonders beachten würden.
a) Kundenanfragen bearbeiten und bei deren Abwicklung mitwirken	
b) Kundenaufträge annehmen, bearbeiten sowie dabei Rechtsvorschriften und Verfahrensregeln beachten	
c) Auftragsabwicklung mit Kunden festlegen	
d) Begleitdokumente und Rechnungen erstellen	
e) Vor- und Nachkalkulationen durchführen und auswerten	
f) Beschwerden und Reklamationen bearbeiten	

Quelle: vgl. Ausbildungsrahmenplan für die Berufsausbildung zum Kaufmann für Büromanagement und zur Kauffrau für Büromanagement, Abschnitt A, 2.2

Auftragssteuerung und -koordination

Berufsprofilgebende Fertigkeiten, Kenntnisse und Fähigkeiten:	Nennen Sie kurz jeweils zwei Aspekte, die Sie besonders beachten würden.
1.1 Auftragsinitiierung	
a) Kunden produktspezifisch und kaufmännisch beraten	
b) Angebotsgrundlagen und -alternativen mit dem Kunden entwickeln	
c) Ergänzenden Service anbieten	
d) Kalkulationsdaten für Angebote einholen	
e) Angebote erstellen	
f) Auftragseingang prüfen, Auftrag bestätigen	
1.2 Auftragsabwicklung	
a) Zeit- und Ressourcenplan in Abstimmung mit den Beteiligten erstellen	
b) Auftragsrelevante Beschaffungen sicherstellen	
c) Auftragsbegleitend mit Kunden kommunizieren	
d) Auftragsbezogene Daten einholen	

Berufsprofilgebende Fertigkeiten, Kenntnisse und Fähigkeiten:	Nennen Sie kurz jeweils zwei Aspekte, die Sie besonders beachten würden.
e) Soll- und Ist-Vergleich der Leistungserbringung durchführen, bei Bedarf nachsteuern	
f) Abnahme der Leistung veranlassen	
1.3 Auftragsabschluss	
a) Auftragsdokumentation vervollständigen und bearbeiten	
b) Aufträge nachkalkulieren	
c) Aufträge fakturieren, Kundenrechnungen erstellen	
d) Zahlungseingänge überwachen und bei Bedarf Maßnahmen einleiten	
1.4 Auftragsnachbereitung	
a) Kundenzufriedenheit ermitteln und auswerten	
b) Maßnahmen zur Kundenbindung initiieren	
c) Kundenreklamationen bearbeiten	
d) Probleme in Auftragsprozessen identifizieren und analysieren	
e) Problemlösungen vorschlagen	

vgl. Ausbildungsrahmenplan für die Berufsausbildung zum Kaufmann für Büromanagement und zur Kauffrau für Büromanagement, Abschnitt B, 1

Verantwortungsbereiche in der Auftragsbearbeitung zuordnen

Aufgabe Kapitel 1.3, S. 287, Aufgabe 2 (unten)

Zuordnung der Verantwortungsbereiche im störungsfreien Auftragsbearbeitungsprozess

Tätigkeiten	Verantwortungsbereiche (Stellen)	
	per Kürzel zugeordnet	Liste
Anfragebearbeitung	AS	Abteilungsleiter/-in Vertrieb (AL) Marketing (M) Regionalverkaufsleiter/-in (RV) Vertriebsbeauftragte(r) (V) Auftragssachbearbeitung (AS) Arbeitsvorbereitung (AV) Bestellwesen (B) Ausgangslager (L)
Kundendatenbearbeitung		
Angebotserstellung und -abgabe		
Auftragserstellung/-bestätigung		
Lieferscheinerstellung		
Rechnungserstellung		
Lieferungsbereitstellung (Kommissionierung)		
Auslieferung (Expedition)		
Auftragsverfolgung		
Zahlungseingangsbearbeitung		
Kundenbetreuung (After-Sales-Services)		

Zuordnung der Verantwortungsbereiche im störungsfreien Auftragsbearbeitungsprozess

Befugnisse	Verantwortungsbereiche (Stellen) und Vollmachten: per Kürzel zugeordnet	Verantwortungsbereiche (Stellen) und Vollmachten: Liste
Erfassung der Kundendaten	AS-Art-V	Abteilungsleiter/in Vertrieb (AL) Marketing (M) Regionalverkaufsleiter/in (RV) Vertriebsbeauftragte(r) (V) Auftragssachbearbeitung (AS) Arbeitsvorbereitung (AV) Bestellwesen (B) Ausgangslager (L) Vollmachten: – Artvollmacht (Art-V) – Gesamtvollmacht (Ges-V) – Prokura (ppa)
Festlegung normaler Zahlungs- und Lieferkonditionen		
Festlegung erhöhter Zahlungs- und Lieferkonditionen		
Vereinbarung von Zusatzleistungen bis 5 %		
Vereinbarung von Zusatzleistungen über 5 %		
Sonstige Regelungen abweichend von den AGB		

Aufgabe Kapitel 1.3, S. 287, Aufgabe 3 (unten)

Störungen im Prozess der Anfrage- und Auftragsbearbeitung

Störungen	Konkrete Beispiele
produktbezogen	
preisbezogen	
terminbezogen	
rabattbezogen	
zahlungsfristbezogen	
kreditlimitbezogen	
kommunikationsbezogen	
sonstige Störungen	

Aufgabe Kapitel 1.3, S. 287, Vertiefungsaufgabe 4 (unten)

Eingabemasken Auftragsbearbeitung Lexware financial office

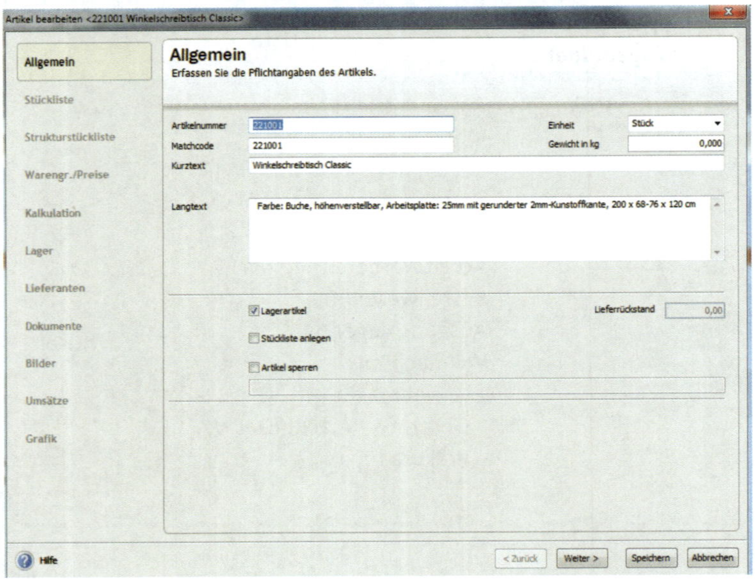

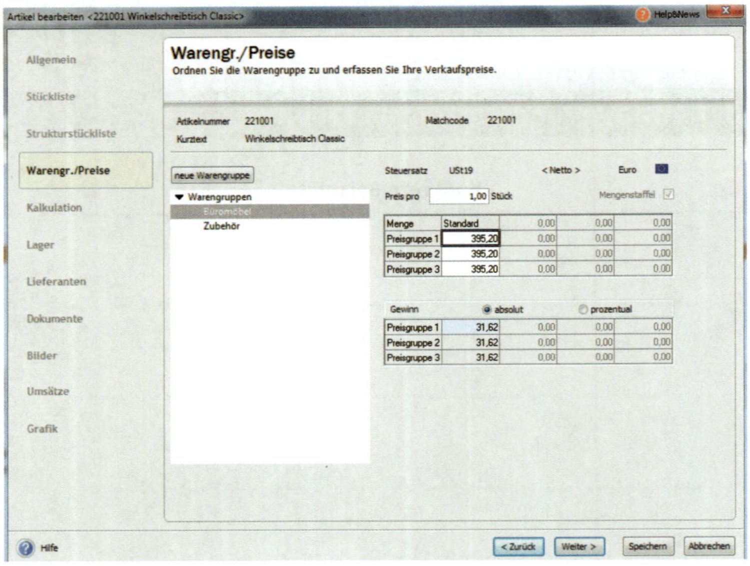

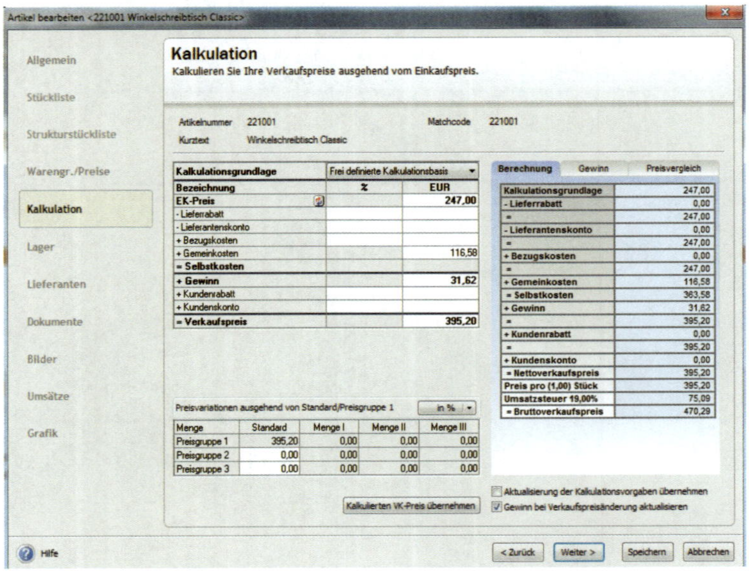

Erläuterungen:

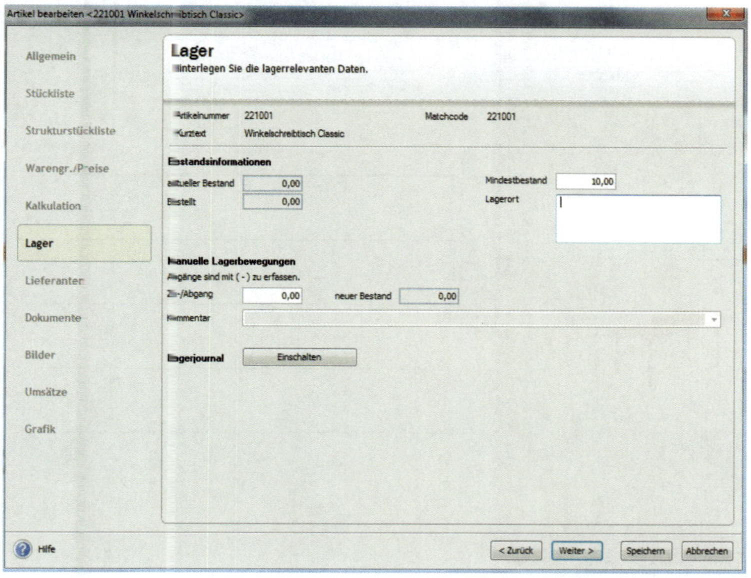

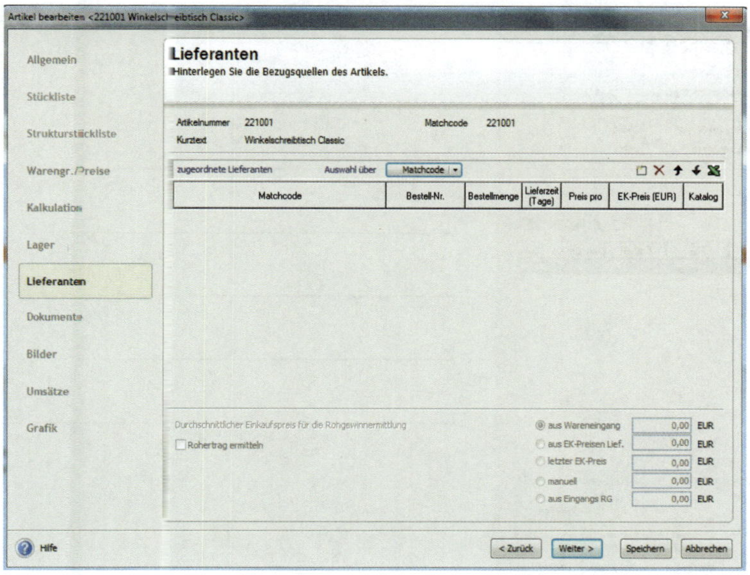

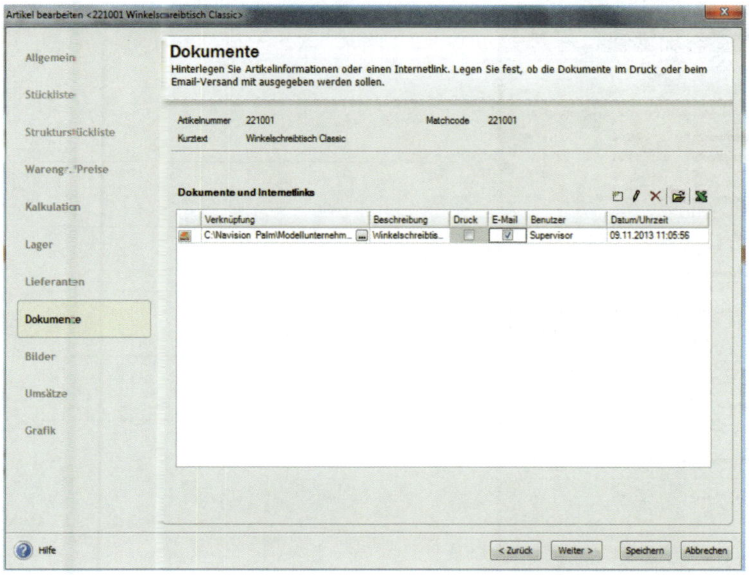

Erläuterungen:

____

____

____

____

____

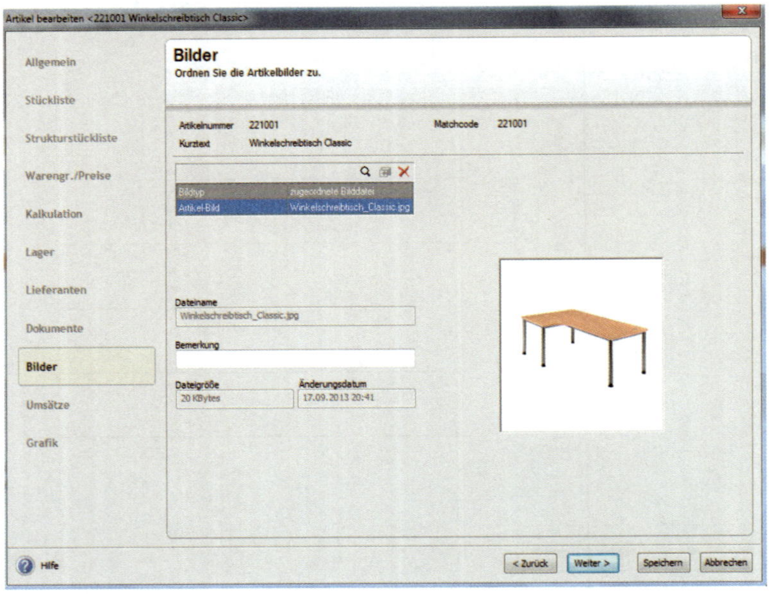

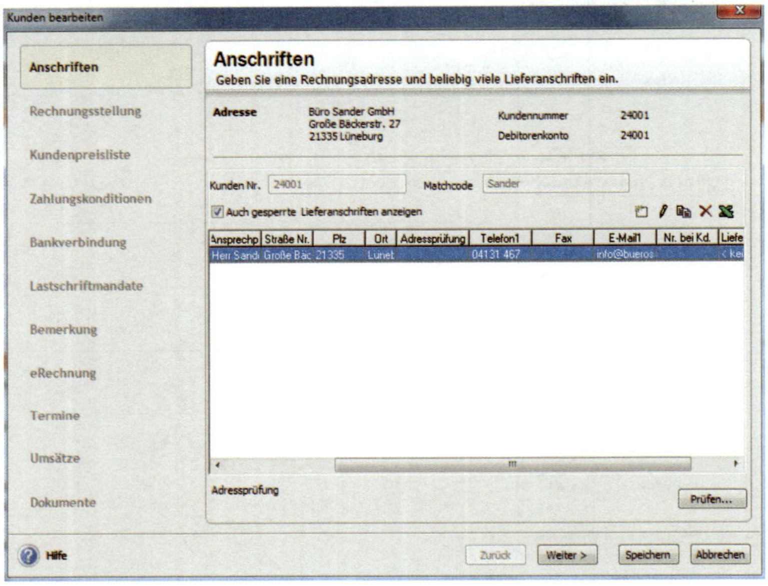

Erläuterungen:

____

____

____

____

____

____

____

____

____

____

____

____

____

____

____

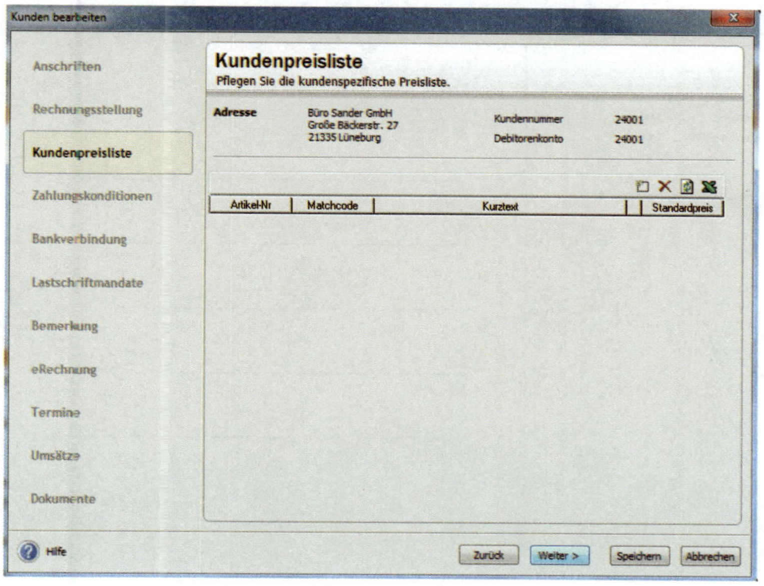

Erläuterungen:

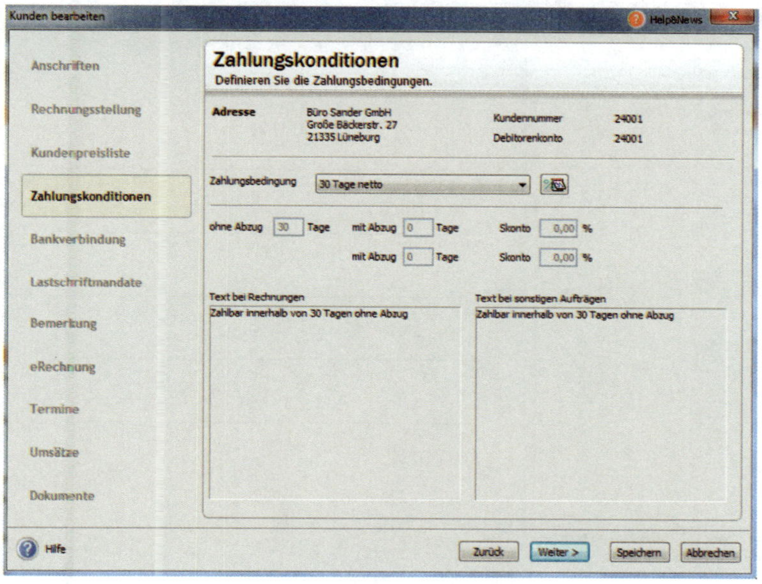

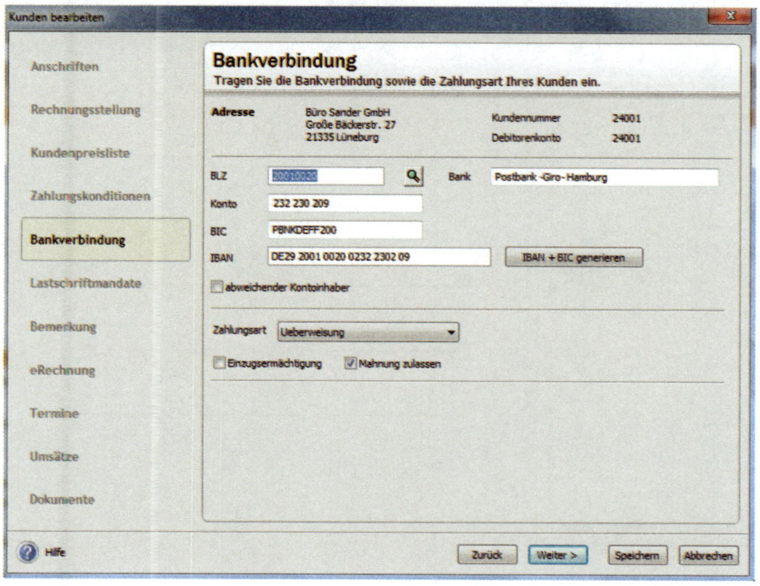

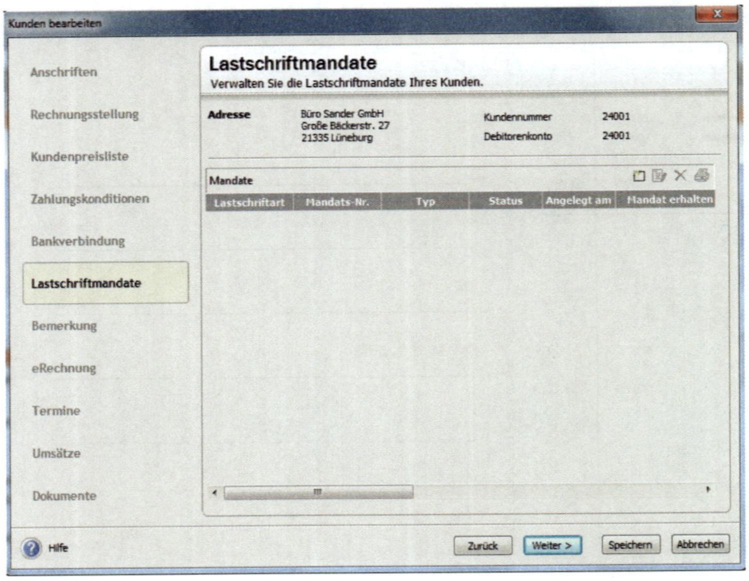

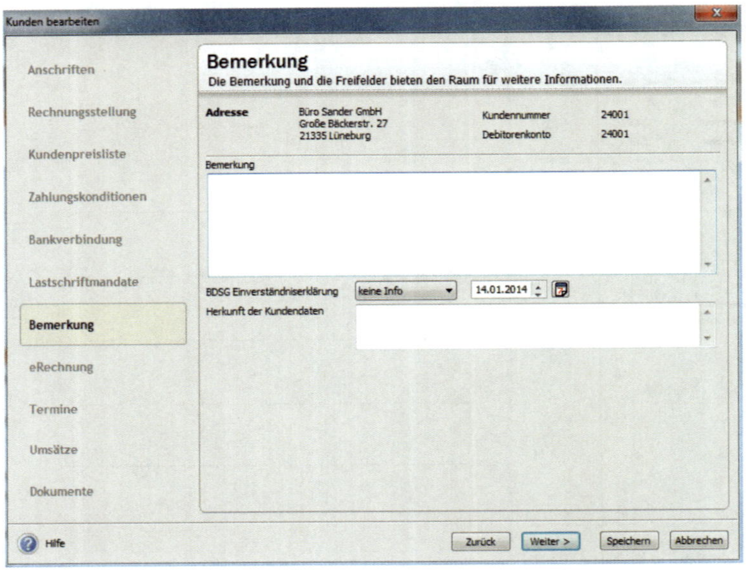

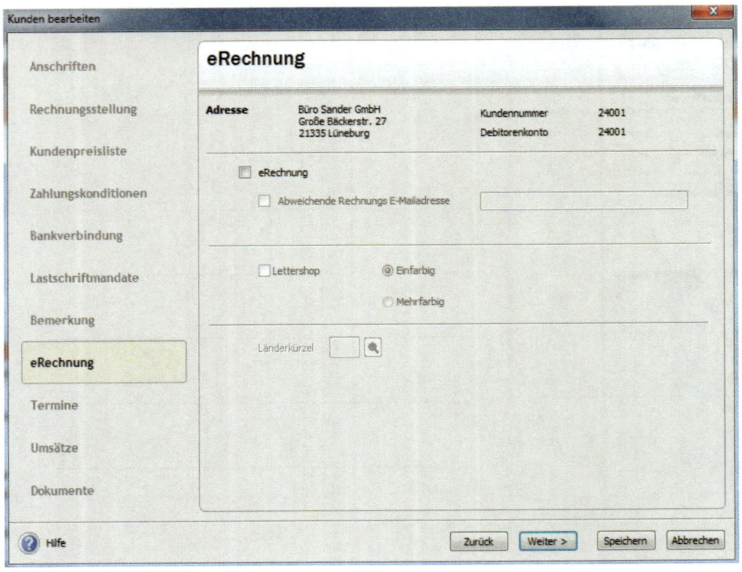

Erläuterungen:

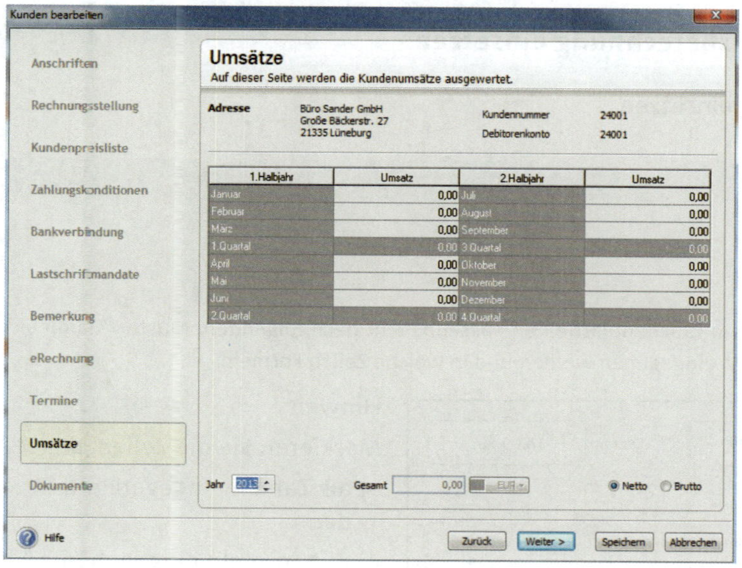

Erläuterungen:

____

____

____

____

____

2 Wir erschließen büroübliche Applikationen der EDV-Anlage

2.2 Die betriebliche EDV-Anlage beschreiben

Aufgabe Kapitel 2.2, S. 291, Aufgabe 4

Struktur/Komponenten meines Computersystems

Standort:

Systemeinheit		Auskunft über	Bezeichnung, Werte	Anmerkungen
Zentraleinheit/CPU	Prozessortyp	Start → Systemsteuerung → Systemsteuerungselemente → System		
	Prozessorleistung		GHz	
	Arbeitsspeicher		GB	
Eingabegeräte	Tastatur	Visuelle Überprüfung	j/n	
	Maus		j/n	
	Scanner		j/n	
			j/n	
Ausgabegeräte	Monitor/Display		j/n	
	Drucker		j/n	
			j/n	
			j/n	
Speichergeräte	Festplatte		j/n	
	CD/DVD-Laufwerk		j/n	
	USB-Anschluss		j/n	
Betriebssystem		Start → Systemsteuerung → Systemsteuerungselemente → System		
Anwenderprogramme	Textverarbeitung	Aufruf der Programmauswahl → Alle Programme		
	Tabellenkalkulation			
	Präsentationssoftware			

sonstige Anmerkungen:

3 Wir berechnen Preise mit Taschenrechner und über Tabellenkalkulation

3.3 Die Tabellenkalkulation für die Preisberechnung einsetzen

3.3.2 Formeln, Funktionen und Adressierung einsetzen

Aufgaben Kapitel 3.3.2, S. 318, Aufgabe 3

Zusatzaufgaben

1. Erstellen Sie mit der Tabellenkalkulation auf einem Tabellenblatt einen Kassenbericht nach folgendem Muster. Klären Sie vorher, evtl. im Plenum, in welche Zelle nur Zahlen eingegeben werden und in welche Zellen Formeln.

Kassenbericht **Nr.** 177 **Datum:** 14.09.20..

Kassenbestand bei Geschäftsschluss: 974,65 €

	Betriebsausgaben	Vorsteuer	Netto-/Brutto Betrag	Brutto-Betrag	Vermerke
+	Benzinabrechnung Frau Lade	13,57 €	71,43 €	85,00 €	
+	Spesenabrechnung Herr Kruse	17,10 €	90,00 €	107,10 €	
+	Postwertzeichen	- €	120,00 €	120,00 €	
+	Fahrtkostenerstattung Stefanie Dammer	- €	53,00 €	53,00 €	
+	Fahrtkostenerstattung Ergin Yildiz	- €	53,00 €	53,00 €	
+	Büromaterial	19,46 €	102,40 €	121,86 €	
+	Copyshop	3,48 €	18,30 €	21,78 €	
+	Bilderrahmen	10,22 €	53,78 €	64,00 €	
+	Lebensmittel	3,85 €	55,00 €	58,85 €	
+	Fachbücher	3,40 €	48,50 €	51,90 €	
+		- €	- €	- €	
+		- €	- €	- €	
=	**Betriebsausgaben gesamt**	71,08 €	665,41 €	736,49 €	
-	**Privateinlage:**			3.000,00 €	
+	**Privatentnahme:**			400,00 €	Frau Palm
	Auszahlungen				
+	in die Hauptkasse:			- €	
+	auf Bank:			3.000,00 €	
	Einzahlungen				
-	vom Bankkonto:			- €	
-	**abzgl. Kassenbestand des Vortages:**			1.635,14 €	
=	**Tageseinnahmen (Tageslosung)**			476,00 €	R-Nr. 16781

Unterschrift *F.-K. Ziegler*

Hinweis:

Markieren Sie die Zellen, die

a) als Zahlen eingegeben werden,

b) mit Formeln eingegeben werden.

2. Sie erhalten den Auftrag, folgende Tabellen mit der Tabellenkalkulation auszuwerten.

Überstunden

Abteilung	1. Jahr	2. Jahr
Einkauf	100	300
Herstellung	600	400
Verkauf	300	400
Verwaltung	300	200

Mitarbeiter

Abteilung	1. Jahr	2. Jahr
Einkauf	16	18
Herstellung	80	90
Verkauf	14	16
Verwaltung	8	10

Geben Sie unten die Lösung an, wenn Folgendes erarbeitet werden soll:

a) Erstellen Sie eine Tabelle, wobei Sie die erste Tabelle kopieren und dann die Daten der zweiten Tabelle als zusätzliche Spalten ergänzen.

b) Berechnen Sie in weiteren Spalten die Kennzahl: Überstunden pro Mitarbeiter

c) Berechnen Sie die Summe der Überstunden und Mitarbeiter pro Jahr.

d) Zeichnen Sie ein sinnvolles Diagramm, mit dem Sie die Überstunden der Mitarbeiter der Jahre in den Abteilungen vergleichen. Achsen und Legende sollen sinnvoll beschriftet sein, eine passende Überschrift ergänzt werden.

e) Es wird behauptet, dass die Überstunden pro Mitarbeiter im Unternehmen zugenommen haben. Der Betriebsrat fordert von der Geschäftsleitung Neueinstellungen in allen Abteilungen. Geben Sie in einem Textfeld eine Stellungnahme ab. Denken Sie an eine Überschrift und formulieren Sie sprachlich einwandfrei.

Lösung zu b)–c), indem Sie hier die Werte angeben:

	A	B	C	D	E	F	G
1							
2							
3							
4							
5							
6							
7							
8							

Geben Sie zu ausgewählten Zellen die Formeln an:

Lösung zu d)

3.6 Unverbindliche Preisempfehlungen geben

Aufgabe Kapitel 3.6, S. 326, Aufgabe 4

Test: Kaufmännisches Rechnen und Tabellenkalkulation

1. Berechnen Sie:

   a) den Bareinkaufspreis bei einem Preis von 39,90 € und einem Skontoabzug von 3 %,

   b) den Bareinkaufspreis bei einem Preis von 449,80 € nach Einkaufsrabatt von 15 % und Skonto von 2 %,

c) was 12 kg kosten, wenn 50 kg 18,50 € kosten,

d) was der Umsatz des letzten Jahres war, wenn dieses Jahr 83.500,00 € Umsatz netto gemacht wurden und damit eine Steigerung von 2,3 % zu verzeichnen war,

e) bei 3 % von 12.300,00 € den Prozentwert,

f) bei einer Kürzung einer Rechnung von 228,00 € um 34,00 € den Prozentsatz,

g) den Rechnungsbetrag, wenn bei 3 % Skonto 2.425,00 € überwiesen wurden,

h) den Durchschnittsumsatz der Woche, wenn in den Tagen 865,20 €, 928,37 €, 1.256,31 €, 1.666,12 € und 2.312,10 € eingenommen wurden,

i) den gewogenen Durchschnittspreis im Warenkorb, wenn 20 Teile à 5,00 €, 120 Teile à 1,20 € und 58 Teile à 2,00 € enthalten sind,

j) die Handelsspanne bei einem Bezugspreis von 30,00 € und einen Verkaufspreis von 45,00 €.

Lösungen:

a)	b)	c)	d)	e)	f)	g)	h)	i)	j)

2. Lösen Sie folgende Textaufgaben:

a) Wie viele Firmenprospekte sind für eine siebentägige Werbeveranstaltung bereitzustellen, wenn im letzten Jahr für eine dreitägige Veranstaltung 800 Prospekte verteilt wurden und mit der gleichen Zahl Tagesbesucher gerechnet wird?

b) Die anstehende Monatsabrechnung soll in 3 Tagen abgeschlossen sein. Wie viele Mitarbeiter müssen bei gleichem Arbeitsaufwand dazu eingesetzt werden, wenn letzten Monat für die Bestandsaufnahme in 4 Tagen 9 Mitarbeiter notwendig waren?

c) Zwei Mitarbeiter benötigen für die Abschrift eines Werbetextes, der einen Umfang von 144 000 Anschlägen hatte, bei einer Leistung von 220 Anschlägen je Minute 6 Stunden reine Arbeitszeit. Wie viel Zeit (in Stunden, Minuten und Sekunden) braucht ein Mitarbeiter für ein Kurzhandbuch von 30 Seiten (je Seite durchschnittlich 3 000 Zeichen)?

Lösungen

a)		b)		c)	

3. Sie erhalten den Auftrag, für folgende Tabelle die Berechnungen und Formeln anzugeben:

	A	B	C	D	E	F
1				Schülerzahlen der BBS		
2		Vorjahr	Anteil	Jahr	Anteil	Veränderung in %
3	Höhere Handelsschule	300	**(1)**	350	**(2)**	**(3)**
4	Berufliches Gymnasium Wirtschaft	350		370		
5	Fachoberschule Wirtschaft	70		50		

	A	B	C	D	E	F
6	Wirtschaftsassistenten	110		96		
7	Berufsschule	850		760		
8	gesamt	(4)				
9	Lehrer	60		56		
10						
11	Schüler/Lehrer:	(5)				

Lösungen:

Zelle	Wert	Formel
(1)		
(2)		
(3)		
(4)		
(5)		

5 Wir bereiten externen und internen Schriftverkehr vor

5.5 Modern und richtig formulieren

Aufgaben Kapitel 5.5, S. 366, Aufgabe 3

Zusatzaufgaben

1. Überprüfen Sie anhand der folgenden Infoblätter Ihre Geschäftsangaben auf DIN-konforme Schreibweise.

Infoblatt 1. Seite

Geschäftsangaben und gesellschaftsrechtliche Angaben

1. Geschäftsangaben

Die Geschäftsangaben befinden sich am Fuß eines Vordrucks. Sie enthalten Angaben über die Geschäftsräume des Unternehmens, über alle Kommunikationseinrichtungen mit den entsprechenden Nummern – einschließlich der Nummer des Hauptanschlusses, der E-Mail-Adresse und der Internetadresse. Ferner findet man in den Geschäftsangaben die Bankverbindungen und die gesellschaftsrechtlichen Angaben bei Kapitalgesellschaften.

Verwenden Unternehmen die Geschäftsbriefvordrucke auch für Rechnungen, so müssen nach den steuerrechtlichen Bestimmungen auch die Steuernummer und die USt-IdNr. aufgeführt werden.

2. **Gesellschaftsrechtliche Angaben bei Kapitalgesellschaften**
   Im Fuß des Vordrucks muss die Firma aufgeführt werden. Sie muss mit dem Handelsregistereintrag im Wortlaut genau übereinstimmen. Außerdem müssen die Rechtsform und der Sitz der Gesellschaft, das Registergericht des Sitzes der Gesellschaft und die Handelsregisternummer mit aufgeführt werden. Ferner muss der Familienname und mindestens ein ausgeschriebener Vorname des Vorsitzenden des Aufsichtsrates (sofern die Gesellschaft einen Aufsichtsrat gebildet hat) mit aufgeführt werden. Bei Aktiengesellschaften haben die Namen **des Vorsitzenden und aller Mitglieder des Vorstandes** zu stehen. Bei Gesellschaften mit beschränkter Haftung sind die Namen aller Geschäftsführer aufzuführen.

Beispiel aus einem Geschäftsbriefvordruck der AKA Nürnberg

Neupra GmbH	Geschäftsführer:	Telefon:	0511 3423-0	Bankverbindung:
Bleichstraße 11	Dr. Werner Lehmann	Fax:	0511 3423-200	DL Bank AG Hannover
30169 Hannover	HRB 8585	Internet:	www.neupra-gmbh.de	BIC: MARKDEF1250
Steuer-Nr.: 25/212/43088	Amtsgericht Hannover	E-Mail:	info@neupra.de	IBAN: DE28 2501 1010 7123 0112 34
USt.-IdNr.: DE 136695976				

Infoblatt 2. Seite

Besonderheiten und Zahlengliederungen

Zusammengehörende Teile, die durch Bindestriche gegliedert werden, dürfen am Bindestrich nicht getrennt werden und sind dort durch ein geschütztes Zeichen gegen einen Zeilenumbruch zu sichern. Beispiele: das A4-Format, die E-Mail, Erdbeer-Shake

Abkürzungen. Abkürzungen, die im vollen Wortlaut des ungekürzten Wortes gesprochen werden, erhalten in der Regel einen Punkt (Duden). Folgen zwei oder mehrere Abkürzungen aufeinander, so werden sie mit Leerzeichen geschrieben.
Beispiele: evtl. u. Ä. usw. z. B. Mio.

Abkürzungen. Werden Abkürzungen wie selbstständige Wörter oder buchstäblich gesprochen, werden sie ohne Punkt geschrieben. Auch steht innerhalb der Abkürzungen kein Leerzeichen.
Beispiele: ADAC, politische Parteien wie CDU, FDP, SPD ...
AG OHG GmbH DIN

Kalenderdaten

- ***Numerische Schreibung:***

Das numerisch angegebene Datum ist in der Reihenfolge **Jahr, Monat, Tag** (= absteigende Schreibung) mit Mittestrich zu gliedern. Die Jahreszahl ist vierstellig, Monat und Tag werden zweistellig angegeben.
Beispiel: 2014-07-21

Wenn Missverständnisse ausgeschlossen werden können, darf auch in der Reihenfolge„Tag, Monat, Jahr" – jeweils dazwischen mit einem Punkt gegliedert – geschrieben werden. Beispiel: 21.07.2014

- ***Alphanumerische Schreibung:***

Wird das Datum in alphanumerischer Schreibweise angegeben, so gilt die Reihenfolge Tag, Monat, Jahr. Die Jahreszahl wird vierstellig angegeben. Dabei werden einstellige Tagangaben **nicht ausgenullt. Monatsnamen können abgekürzt werden (z. B. Aug. für August, Dez. für Dezember). Steht der Monatsname allerdings in einem zusammengehörenden Text (Fließtext), so sollte der Monatsname aus Gründen der Deutlichkeit nicht abgekürzt werden.**
Beispiel: 6. Dezember 2014 (abgekürzte Schreibung: 6. Dez. 2014)

Uhrzeiten

Bei Angaben der Uhrzeit in Stunden und Minuten oder Stunden, Minuten und Sekunden ist jede Einheit mit zwei Ziffern anzugeben und mit dem Doppelpunkt zu gliedern.
Beispiele: 06:30 Uhr 24:00 Uhr 00:07 Uhr 14:05:28 Uhr
Bei voller Stunde ist die Schreibweise 10 Uhr zulässig.

Infoblatt 3 Seite

Telefon-, Telefax-, Postfachnummer, Postleitzahl und Bankleitzahl

Benennung und Bestandteile	Beispiele
Telefonnummer	
Einzelanschluss ohne Durchwahl	Rufnummer: 123, 1532, 654321 Vorwahl und Rufnummer: 0172 3712311
Telefonnummer der Zentrale	01234 543-0 01234 543-1
Durchwahlanschluss	01234 543-223
International	+49 654399-0
Telefaxnummer	
Einzelanschluss	040 987654
Durchwahlanschluss	04271 47-1174
International	+49 40 2345678 **Hinweis:** Die länderbezogene Zusatznummer sollte durch das Zeichen + vor der Landesvorwahl dargestellt werden – z. B. statt 00 49 besser +49
Postfachnummer	
von rechts beginnend zweistellig gegliedert	1 23 20 19 52 36 88
Postleitzahl	
fünfstellig, ohne Gliederung	60433 Frankfurt 19050 Schwerin
Bankleitzahl	
national (BLZ) – von links beginnend zweimal Dreiergruppe, einmal Zweiergruppe	BLZ 270 401 10
international (IBAN) – von links beginnend fünfmal Vierergruppe, einmal Zweiergruppe	IBAN DE89 3704 0044 0532 0130 00 IBAN DE32 2508 0020 0113 0900 00
Kontonummern	
Die Kontonummer steht nach der Bankleitzahl (BLZ). Bei Bankkonten wird von rechts in Dreiergruppen abgeteilt.	Konto 67 987 Konto 1 234 456
Postgiro-Kontonummern bestehen aus zwei Zahlenteilen, die mit einem Bindestrich verbunden werden. Die erste Nummer wird zwei Stellen von rechts abgeteilt.	Beispiel: 789 78-345

3. Schlagen Sie eigene Formulierungen vor und vergleichen Sie diese.

Verbessern Sie Ihren Schreibstil im Betreff

veraltet	Ihr Vorschlag für einen modernen Stil
Anmeldebestätigung	
Einladung/18. März 20xx/ Party	
Aufforderung zur Prospektübersendung	

Verbessern Sie Ihren Schreibstil im Text

veraltet	Ihr Vorschlag für einen modernen Stil
Gemäß Ihren Wünschen und Anforderungen können wir Ihnen nachfolgendes Angebot unterbreiten ... Die Lieferzeit beträgt 10 Werktage nach Auftragseingang. Die Lieferung erfolgt frei Haus, Verpackung inklusive. Das Zahlungsziel beträgt 30 Tage rein netto. Dieses Angebot ist gültig bis 30. April 20.. Für eventuelle Rückfragen steht Ihnen unser Verkaufsleiter, Herr Max Muster, Telefon ... jederzeit gerne zur Verfügung. Über Ihren Auftrag würden wir uns natürlich sehr freuen und verbleiben bis dahin mit freundlichen Grüßen	

Anmerkungen:

5.9 Interkulturelle Unterschiede in der Anfrage- und Auftragsbearbeitung beachten

Aufgabe Kapitel 5.9, Zusatzaufgabe

Bereiten Sie die Bearbeitung fremdsprachlicher Anfragen vor und geben Sie die englischen Texte mit eigenen Worten in Deutsch wieder.

Englische Korrespondenz	Inhaltliche Wiedergabe Deutsch
We are pleased to place an order for ...	
We are currently processing your order.	
We are sorry to inform you that your ordered goods are no longer in stock/currently out of stock.	
However we can offer you a substitute.	
We are pleased to confirm you order of ...	
Please find our offer enclosed.	
We would like to place the following order/order the following items.	
We have got a steady demand of ...	
We are pleased to hear that you are interested in our products/service.	

8 Wir vervielfältigen Schriftstücke und versenden Dateien

8.2 Druckkosten berechnen

Aufgabe Kapitel 8.2, S. 16, Aufgabe 1

Kostenkalkulation Farbdrucker

System	Gerätekosten	Anzahl Patronenwechsel	Anzahl Papierfüllungen	Verbrauchskosten pro Seite in Cent	Verbrauchskosten	Geräte- und Verbrauchskosten	Personalkosten PW	Personalkosten PF	Gesamtkosten
A	160,00 €	69	50	7,7					
B	190,00 €	75	40	9,3					
C	200,00 €	82	60	10,0					
D	210,00 €	52	30	8,1					
E	280,00 €	37	30	6,1					
F	350,00 €	20	15	5,7					

PW = Patronenwechsel PF = Papierfachfüllungen

Aufgabe Kapitel 8.2, S. 416, Aufgabe 2

Kostenkalkulation Farbdrucker

System	Gerätekosten	Anzahl Patronenwechsel	Papierfach Blatt	Anzahl Papierfüllungen	Verbrauchskosten pro Seite in Cent	Verbrauchskosten	Geräte- und Verbrauchskosten €	Personalkosten PW	Personalkosten PF	Gesamtkosten
A	350,00 €	60	375		6,7					
B	390,00 €	65	500		7,2					
C	450,00 €	73	500		6,5					
D	560,00 €	50	750		5,8					
E	680,00 €	40	1 000		5,5					
F	750,00 €	30	500		6,8					

Lernfeld 4: Sachgüter und Dienstleistungen beschaffen und Verträge schließen

1 Wir ermitteln den Bedarf an Sachgütern und Dienstleistungen

1.2 Den Beschaffungsbereich kennenlernen

Fragebogen zur Erkundung des Beschaffungsbereichs

Fragenkatalog zur Erkundung des Beschaffungsbereichs in meinem Ausbildungsbetrieb

Wenn es ein Lager gibt: Welche wichtigen Güter werden beschafft und gelagert? Lassen sich gelagerte Güter in Kategorien unterteilen? (z. B. Werkstoffe, Handelswaren)	
Welche Güter werden insbesondere nur bei Bedarf bestellt?	
Welche Werksleistungen (z. B. Handwerksleistungen) und Dienstleistungen werden beauftragt und wer ist für die Beauftragung zuständig?	
Welche Kurzbezeichnung der Firma haben unsere wichtigsten Lieferanten?	
Welche Mitarbeiter dürfen Güter für das Lager bestellen? Wer entscheidet bei außerordentlichen Beschaffungsmaßnahmen?	
Welche Beschaffungs-/Einkaufsrichtlinien gibt es? Gibt es Rahmenverträge mit Lieferanten?	
Wer führt Bestellungen durch?	
Wie ist die Beschaffung und Lagerung des Büromaterials geregelt?	

Aufgabe Kapitel 1.2, S. 436, Aufgabe 2

Einkaufsstatistik der Palm KG

Einkaufs-/Beschaffungskategorien		Einkaufsvolumen Tsd. €			Anzahl Bestellungen			Bestellkosten				Durchschnittliches Bestellvolumen in €	
		Vorjahr	Jahr	Veränd.	Vorjahr	Jahr	Veränd.	je Fall	Vorjahr	je Fall	Jahr	Vorjahr	Jahr
Sachanlagen	Maschinen	400	440		10	15		300 €		302 €			
	Fahrzeuge	200	180		4	3		180 €		182 €			
	Betriebs- und Geschäftsausst.	80	84		120	130		120 €		110 €			
	Werkzeuge, Kleinmaschinen	24	25		180	190		30 €		25 €			
Werkstoffe	Rohstoffe	1400	1410		280	260		25 €		25 €			
	Hilfsstoffe	200	205		310	270		25 €		25 €			
	Betriebsstoffe	500	480		60	62		30 €		30 €			
	Einbauteile	630	720		1100	450		27 €		25 €			
Handelswaren		176	180		650	150		25 €		18 €			
Dienstleistungen		420	450		280	290		35 €		37 €			
Miete (Räume, Sachanlagen)		140	150		6	10		300 €		302 €			
Lizenzen, Rechte		110	120		44	46		35 €		36 €			
Bürobedarf		46	50		500	540		25 €		26 €			
gesamt					3544	2416							

Stellungnahme/Auswertung:

1.4 Bestandsermittlung und -führung im Lager

Aufgabe Kapitel 1.4, S. 456, Aufgabe 3

Lagerkarte

Artikelnummer:		Höchstbestand:	
Artikelbezeichnung:		Meldebestand:	
Lagerplatz:		Mindestbestand:	
Hauptlieferant:		Liefertage:	

Datum	Beleg Nr.	Eingang +	Ausgang -	Bestand	Bestellungen		
					Datum	Bestell.-Nr.	Menge
⌀ Bestand:		⌀ Verbrauch:			Statistischer Meldebestand:		

Aufgaben Kapitel 1.4, S. 456, Aufgabe 4

Zu Aufgabe 4a

Lagerbestandsveränderungen durch Lagerabgänge (Verbrauch) und Lagerzugänge (Einkauf)

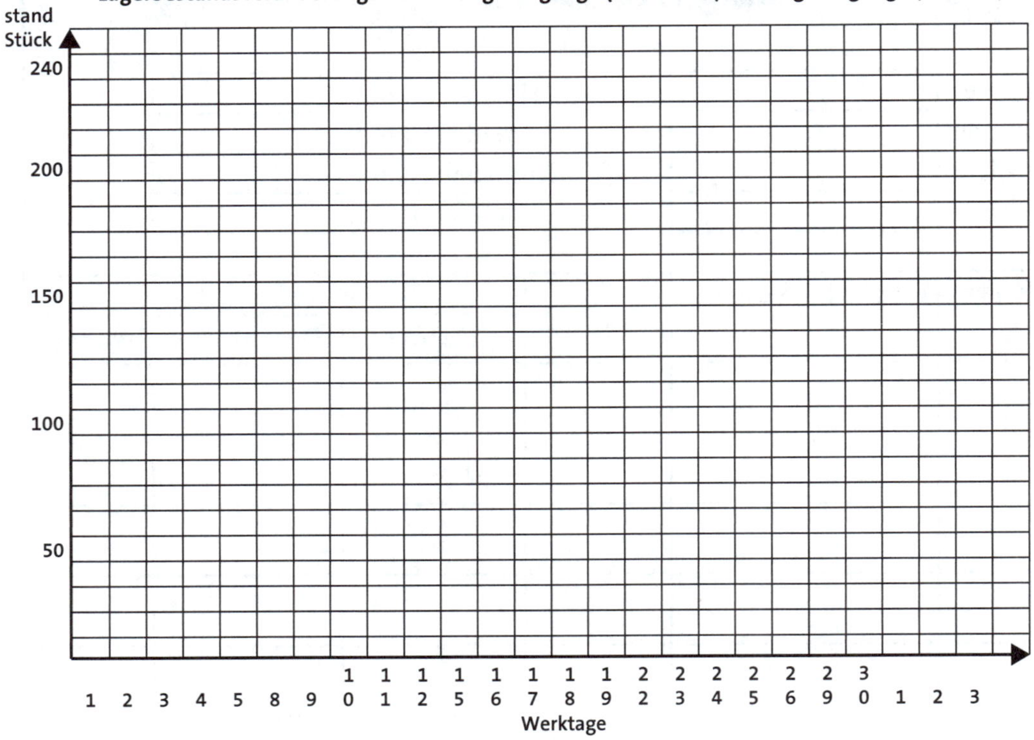

Zu Aufgabe 4b

Lagerbestandsveränderungen durch Lagerabgänge (Verbrauch) und Lagerzugänge (Einkauf)

Zu Aufgabe 4c

Lagerbestandsveränderungen durch Lagerabgänge (Verbrauch) und Lagerzugänge (Einkauf)

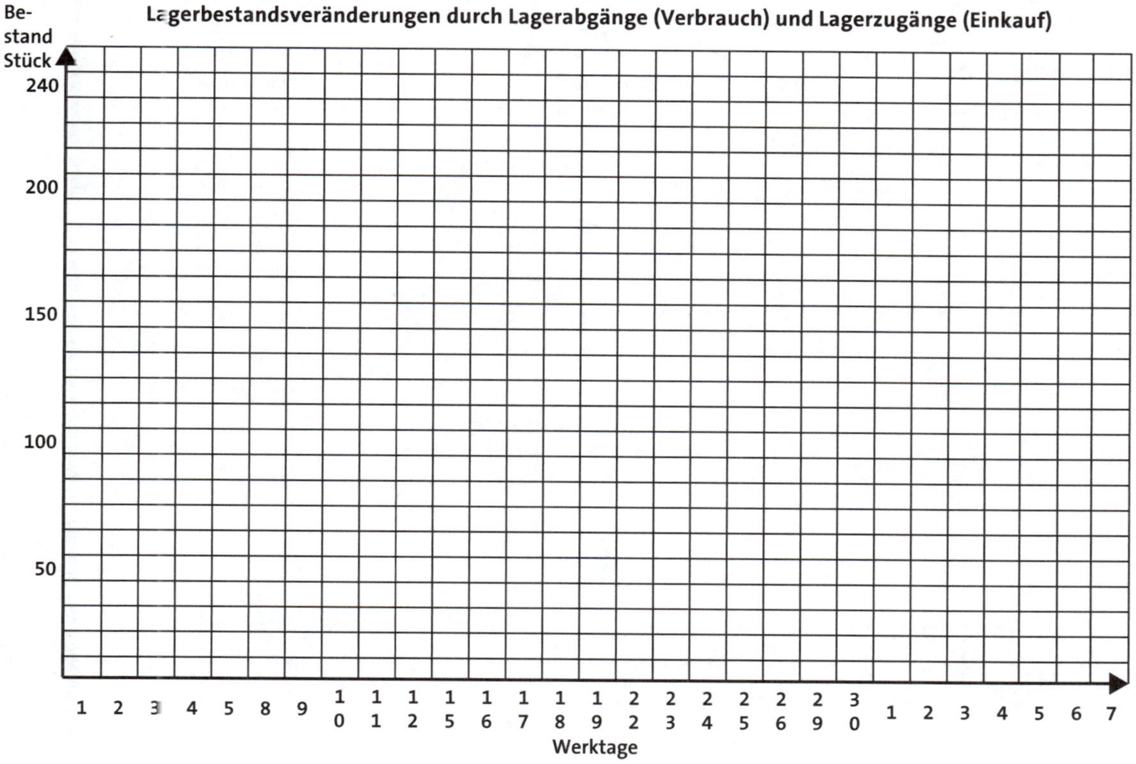

1.6 Den Verbrauchswert und die ABC-Analyse berücksichtigen

Aufgabe Kapitel 1.6, S. 462, Aufgabe 3

ABC-Analyse
Ausgangstabelle:

Artikel-Nr.	Menge	EK-Preis	Verbrauchswert in €
101	2500	7,50 €	
102	400	280,00 €	
103	1000	4,00 €	
104	500	600,00 €	
105	300	950,00 €	
106	600	110,00 €	
107	1300	30,00 €	
108	700	45,00 €	
109	800	88,00 €	
110	300	75,00 €	

Auswertung:

Artikel-Nr.	Menge	EK-Preis	Verbrauchswert in €	Verbrauchswert kumuliert	in %	Klasse	Menge kumuliert	in %

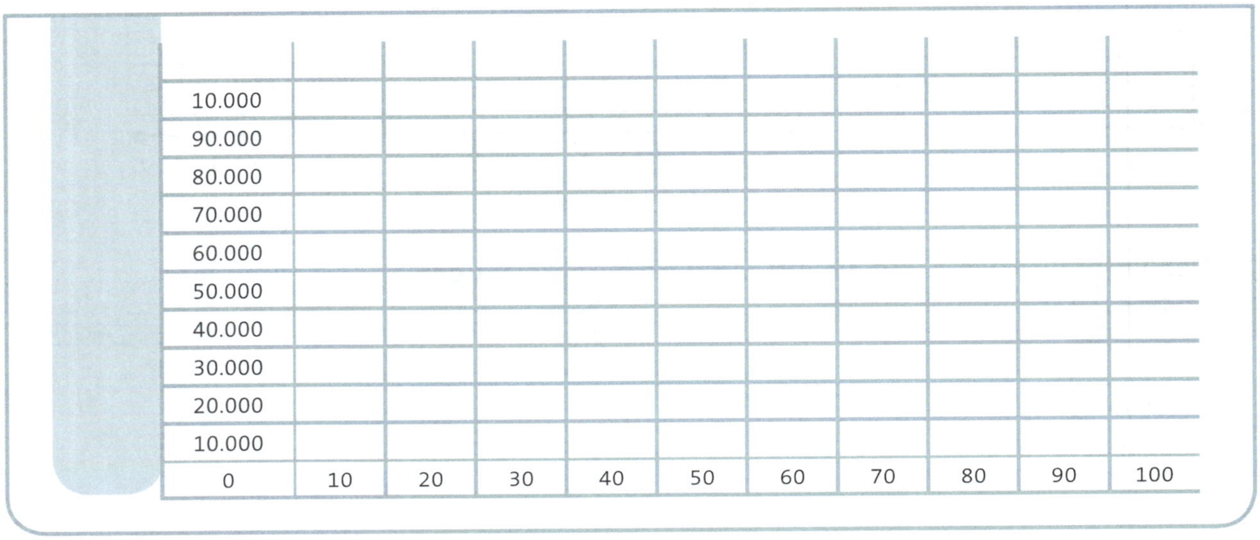

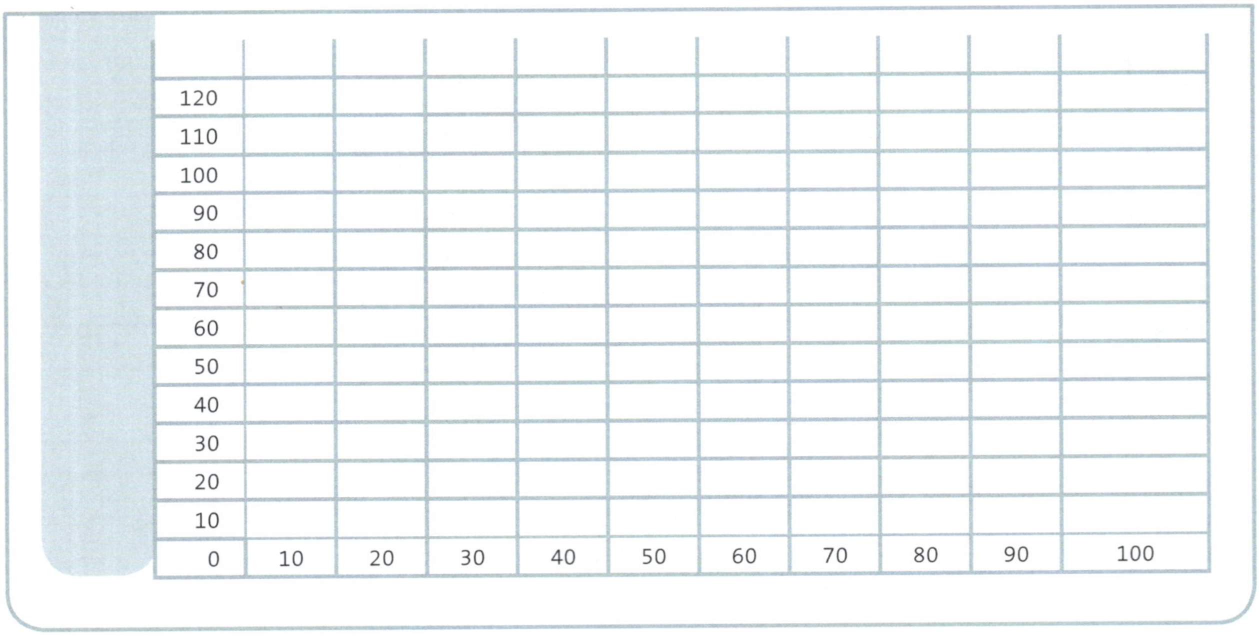

1.7 Den Bedarf über das Bestellpunktverfahren ermitteln

Aufgabe Kapitel 1.7, S. 464, Aufgabe 2 und S. 466, Aufgabe 2

Beschaffungsfälle zur grundsätzlichen Prüfung des Bestellverfahrens

Beschaffungsfälle	Bestellpunktverfahren, Lagerhaltung und Kontrolle der Bestände sinnvoll?	Bestellrhythmusverfahren, Lagerhaltung und Tourenplan möglich?
Hinweis: Bei sinnvoller Einzelbeschaffung diese als Bestellverfahren vorziehen und vermerken.	a) A oder B-Artikel? b) Höhere Sicherheitsbestände wirtschaftlich nicht vertretbar? c) Laufende Kontrolle möglich und wirtschaftlich? d) Einzelne Bestellungen zu unterschiedlichen Terminen wirtschaftlich?	a) C-Artikel? b) Höhere Sicherheitsbestände wirtschaftlich vertretbar? c) Laufende Kontrolle nicht wirtschaftlich? d) Einzelne Bestellungen zu unterschiedlichen Terminen nicht wirtschaftlich?
a) Bürogebrauchsgegenstände von geringem Wert wie Locher, Kugelschreiber etc.		
b) Teure Bürogebrauchsgegenstände wie Drucker		
c) Viel verwendete Verbrauchsgegenstände in der Produktion mit hohem Einzelwert: z. B. hochwertige Bauteile		
d) Blumen für Mitarbeiter und Geschäftspartner		
e) Getränke (Kaffee, Wasser etc.) und Konferenzgebäck		
f) Im Lager werden hochwertige Hölzer in Standardmaßen gelagert, die täglich und viel im Möbelbau eingesetzt werden.		
g) Verbrauchsmaterial als Bürobedarf von relativ hohem Wert wird im Bürobedarfslager aufbewahrt, z. B. teure Farbkartuschen, Verbrauch jährlich bei der Palm KG für 2.000 €.		

Aufgabe Kapitel 1.7, S. 464, Aufgabe 3

Ergänzen Sie die Bestände und Bestellungen entsprechend den Vorgaben. Berechnen Sie die Mittelwerte im Bestand und im Verbrauch.

Bestellpunktverfahren			
Tonerkartusche TN6600			
variable Bestelltermine			
Höchstbestand			30
Bestellmenge (Losgröße)			25
Meldebestand			5
Datum	Bestand	Verbrauch	Bestellung
02.01.	24	10	0
03.01.	14	7	0
04.01.	7	2	0
05.01.	5	4	25
06.01.	26	6	
07.01.		8	
08.01.		7	
09.01.		4	
10.01.		6	
11.01.		9	
12.01.		6	
13.01.		7	
14.01.		7	
15.01.		9	
16.01.		2	
17.01.		6	
18.01.		3	
19.01.		5	
20.01.		9	
Mittelwert:			
Annahme: Bestellung der Losgröße an dem Tag, an dem der Meldebestand erreicht ist. Lieferung nächsten Tag morgens und Rechnung der Lieferung zum Anfangsbestand.			

Bestellpunktverfahren			
Tonerkartusche TN6600			
variable Bestelltermine			
Höchstbestand			30
Bestellmenge (Losgröße)			variabel
Meldebestand			5
Datum	Bestand	Verbrauch	Bestellung
02.01.	24	10	0
03.01.	14	7	0
04.01.	7	2	0
05.01.	5	4	29
06.01.	30	6	
07.01.		8	
08.01.		7	
09.01.		4	
10.01.		6	
11.01.		9	
12.01.		8	
13.01.		4	
14.01.		4	
15.01.		9	
16.01.		8	
17.01.		4	
18.01.		3	
19.01.		5	
20.01.		9	
Mittelwert:			
Annahme: Bestellung am Abend des Tages, an dem der Meldebestand erreicht wird, unter Berücksichtigung des Tagesverbrauchs, damit am nächsten Tag der Höchstbestand erreicht wird.			

1.8 Den Bedarf über das Bestellrhythmusverfahren ermitteln

Aufgabe Kapitel 1.8, Aufgabe 3, S. 466

Ergänzen Sie die Bestände und Bestellungen entsprechend den Vorgaben. Berechnen Sie die Mittelwerte im Bestand und im Verbrauch.

Bestellrhythmusverfahren			
Tonerkartusche TN6600			
feste Losgröße			
Höchstbestand			variabel
Bestellmenge (Losgröße)			36
Bestellrhythmus			5 Wochen
KW	Bestand	Verbrauch	Bestellung
1	36	10	
2	26	7	
3	19	7	
4	12	4	
5	8	6	36
6	38	8	
7		11	
8		8	
9		6	
10		9	
11		7	
12		9	
13		7	
14		9	
15		5	
16		7	
Mittelwerte:			

Bestellrhythmusverfahren			
Tonerkartusche TN6600			
variable Losgröße			
Höchstbestand			36
Bestellmenge (Losgröße)			variabel
Bestellrhythmus			5 Wochen
KW	Bestand	Verbrauch	Bestellung
1	36	10	
2	26	7	
3	19	7	
4	12	4	
5	8	6	34
6	36	8	
7		11	
8		8	
9		6	
10		9	
11		7	
12		9	
13		7	
14		9	
15		5	
16		7	

2 Wir recherchieren Bezugsquellen und Beschaffungsrichtlinien

2.1 Beschaffungs- oder Einkaufsrichtlinien verwenden

Aufgaben Kapitel 2.1, S. 473, Aufgabe 4

Einkaufsrichtlinienvergleich

Palm KG	Übernahme in eigene Einkaufsrichtlinie
Organisatorische Richtlinien • Alle Bestellungen erfolgen zentral, ausgenommen Büro-/Verbrauchsmaterialien. Diese muss jede Abteilung selbst einkaufen. • Alle Bestellungen müssen schriftlich erfolgen. • Einkaufsberechtigte sind, wenn nicht Abteilungsleiter/-in oder Vertreter/-in, konkret benannt. • Für jede Bestellung müssen mindestens folgende Daten vorliegen: Artikelnummer, Artikelbezeichnung, Bestellmenge, gewünschter Liefertermin, Abteilung, ggf. Lieferadresse, Bestelldatum und Name/Unterschrift des Bestellers. • Bei Bestellungen, die einen Betrag von 300,00 € überschreiten, müssen mind. zwei Angebote eingeholt werden. • Bestellungen von Büro- und Verbrauchsmaterial dürfen nur bei den Firmen erfolgen, mit denen es Rahmenvereinbarungen gibt. • Für jeden Lieferanten muss mindestens ein Alternativanbieter vorhanden sein. • Lieferantenvertreter werden nur nach Terminvereinbarung empfangen, da ungeplante Verkaufsgespräche für beide Seiten wenig oder keinen Nutzen bringen.	
Wirtschaftliche Richtlinien • Rabatte sowie bessere Konditionen (hinsichtlich Verpackungskosten, Fracht, Skonto) sollen durch Bestellungen bei wenigen Lieferanten und durch die Bündelung von Bestellungen erzielt werden. • Soweit Skonto angeboten wird, besteht die Verpflichtung, dies ohne Ausnahme zu nutzen. Belege sind unverzüglich an das Rechnungswesen weiterzuleiten.	
Umweltschutz und Nachhaltigkeit • Die Entscheidung für einen Lieferanten darf nicht ausschließlich unter Preis- und Konditionengesichtspunkten erfolgen. Jeder (neue) Lieferant wird zusätzlich auf Einhaltung folgender Punkte getestet und verpflichtet: Qualität, Liefertermintreue, Umtausch-/Kulanzverhalten, Umweltengagement/Nachhaltigkeit sowie Übernahme und ggf. Entsorgung von Verpackungen, Gebinden. **Insbesondere wird festgelegt, dass** • bei Neuanschaffungen Produkte mit dem Blauen Engel und anderen Umweltzeichen berücksichtigt werden, • Büromaterialien möglichst umweltfreundlich sein sollen, • Papier für Drucker und Kopierer aus 100 % Recyclingpapier bzw. aus Papieren mit FSC-Siegel bestellt werden, • Handpapiertücher aus 100 % Recyclingpapier sind, • Gastgeschenke und Werbeartikel nach umweltfreundlichen Kriterien ausgewählt werden, • bei Lichttechnik verstärkt LED eingesetzt wird,	

Palm KG	Übernahme in eigene Einkaufsrichtlinie
• Dienstfahrten mit dem firmeneigenen Fahrrad oder durch Nutzung von Bahn oder Bus erfolgen, • bei Energiebeschaffungen ökologische Produkte berücksichtigt werden • möglichst Leihpaletten und Leihbehälter genutzt werden.	
<u>**Unternehmerische Sozialverantwortung (Corporate Social Responsibility – CSR)**</u> • Bevorzugt sollen Lieferanten und Handwerksbetriebe der Region beauftragt werden. • Wenn möglich, sollen Fairtrade-Produkte berücksichtigt werden, insbesondere beim Einkauf von Kaffee, Schokolade, Geschenken. • Geschäftliche Gefälligkeiten können nur angenommen werden, wenn sie gesetzeskonform sind, nicht in Bargeld bestehen, nicht gefordert wurden, den Empfänger in keiner Weise verpflichten könnten, dem üblichen und ordentlichen Geschäftsverlauf nicht widersprechen, nicht regelmäßig oder häufig angeboten werden. • Grundsätzlich sollte versucht werden, Situationen, die zum Angebot einer unzulässigen geschäftlichen Gefälligkeit führen könnten, vorherzusehen und zu vermeiden. • Es sollen vorzugsweise Lieferanten ausgewählt werden, die sich sozial verantwortlich gegenüber ihren Mitarbeitern verhalten.	
Anmerkungen:	

Aufgaben Kapitel 2.1, S. 473, Aufgabe 6

Wirtschaftlicher Vorteil bei Nutzung einer Einkaufsrichtlinie

		ohne Einkaufsrichtlinie		durch Einkaufsrichtlinie
Netto-Einkaufsvolumen:				
– Rabatt	5 %		10 %	
=				
– Skonto 3%	30 %		60 %	
– Einsparungen durch Einkaufsrichtlinie				
Einsparungen:				
Wirtschaftlicher Vorteil durch ER:				

2.5 Lieferantenbewertung

Aufgabe Kapitel 2.5, S. 481, Aufgabe 2

Bewertung des Lieferanten Sander Metallbau GmbH

Leistungsgruppe	Kriterium	Gewichtung	Erfüllungsgrad Vorjahr	gewichtet	Jahr	gewichtet
Qualität	Reklamationsquote ppm	60%	90,0%	0,540	85,0%	
Logistik	Mengentreue, Termintreue	8%	85,0%	0,068	78,0%	
Kosten	Kosten	12%	92,0%	0,110	90,0%	
Kooperation	Reklamationsverhalten u. a.	7%	70,0%	0,049	72,0%	
Entwicklungsbereitschaft	Planungstreue, Ideen u. a.	5%	65,0%	0,033	60,0%	
Umweltmanagement	Nachhaltigkeitsbericht	8%	75,0%	0,060	68,0%	
		100%	79,5%	86,0%		
Stellungnahme:						

4 Wir prüfen und vergleichen Angebote

4.1 Angebotsbestandteile prüfen

Aufgaben Kapitel 4.1, S. 493, Aufgabe 2

Aktenvernichter – Datenblätterauszüge

Auszüge aus Datenblättern	Anmerkungen für den Angebotsvergleich
Danner Clean 306 baugleich: Aktenvernichter Dahle CleanTEC 41306 498,00 € Aktenvernichter Dahle CleanTEC 41306 498,00 € Streifenschnitt 5,8 mm, 27 Blatt Schnittart: Streifen 5,8 mm Schneidleistung: 27 Blatt 70 g/qm (22 Blatt 80 g/qm) vernichtet auch: Heftklammern, Büroklammern, CDs, DVDs, Kreditkarten Arbeitsbreite: 240 mm Sicherheitsstufe DIN 32757-1: 2 Sicherheitsstufe DIN 66399: P-2, O-2, T-2, E-2 (siehe PDF Datenblatt) Geräuschpegel: 47 dB Auffangvolumen: 60 l Kennzeichen: CE Garantie: 35 Jahre Herstellergarantie auf die Schneidmesser Sonstiges: Start/Stopp-Automatik, mit CleanTEC-Ausstattung: Innovatives Filtersystem zur Feinstaubreduktion und für mehr Wohlbefinden im Büro, bis zu 98 % aller entstehenden Feinstaubpartikel werden direkt am Entstehungsort im Filter gebunden. Mit SafeTEC-Ausstattung: Akustische Abschaltautomatik – das Mikrofon erkennt den „Hilferuf" und stoppt sofort, automatische Papiermengenerkennung, automatischer Stopp bei vollem Auffangbeutel und geöffneter Tür, getrennt herausnehmbarer Auffangbehälter für Kreditkarten und CDs/DVDs, Überhitzungsschutz nach 10 min Dauerbetrieb Lieferung: inkl. Bodenrollen, 10 Auffangbeutel Gewicht: 40 kg, Maße (B x H x T): 54,6 x 86,9 x 43,5 cm Lieferung direkt ab Werk!	

Auszüge aus Datenblättern	Anmerkungen für den Angebotsvergleich
Rexi RS 232 baugleich Aktenvernichter Rexel Mercury RSS2232 238,90 € Aktenvernichter Rexel Mercury RSS2232 238,90 € Streifenschnitt 5,8 mm, 23 Blatt Schnittart: Streifen 5,8 mm Schneidleistung: 23 Blatt 70 g/qm (22 Blatt 80 g/qm) vernichtet auch: Heftklammern, Büroklammern, CDs,DVDs, Kreditkarten Arbeitsbreite: 230 mm Sicherheitsstufe DIN 32757-1: 2 Sicherheitsstufe DIN 66399: P-2, O-2, T-2 (siehe PDF Datenblatt) Geräuschpegel: 55 dB Auffangvolumen: 32 l Kennzeichen: CE Green-Aspekt: energiesparend Garantie: 10 Jahre Herstellergarantie auf die Schneidmesser Sonstiges Start/Stopp-Automatik, Interaktives Bedienungsfeld, Überhitzungsschutz, beleuchtete Papierzuführung, Mercury-Technology – Nie wieder Papierstau, Sensoren erkennen vor dem Betrieb, wie viel Papier zugeführt wird, ausziehbarer Auffangbehälter, Energiesparmodus Gewicht: 20,3 kg, Maße (B x H x T): 27,0 x 58,4 x 53,5 cm	
Idea 404 baugleich: Aktenvernichter Ideal 2404 328,80 € Aktenvernichter Ideal 2404 328,80 € Streifenschnitt 4mm, 24 Blatt Schnittart: Streifen 4 mm Schneidleistung: 24 Blatt 70 g/qm (21 Blatt 80 g/qm) vernichtet auch: Heftklammern, Büroklammern, CDs, DVDs, Kreditkarten Arbeitsbreite: 240 mm Sicherheitsstufe DIN 32757-1: 2 Sicherheitsstufe DIN 66399: P-2, O-2, T-3, E-2 (siehe PDF Datenblatt) Geräuschpegel: 50 dB Auffangvolumen: 35 l Zertifikat Der Blaue Engel/Kennzeichen: CE Garantie: LIFETIME Herstellergarantie auf die Schneidmesser Sonstiges: Mehrfunktions-Schaltelement „EASY SWITCH“ mit integrierter Bedienerführung durch Farbsignale und Leuchtsymbole, Start-/Stopp-Automatik über Lichtschranke, Rücklauffunktion, Überhitzungsschutz, Reversierautomatik mit automatischer Abschaltung (verhindert Papierstau), automatischer Stopp bei vollem Auffangbehälter, elektronische Türsicherung über Magnetschalter, SPS-Sicherheitspaket – Elektronisch kontrollierte Sicherheitsklappe in der Zuführöffnung, Zero Energy Consumption (automatische Abschaltung und damit Null-Energie-Verbrauch nach 30 Minuten Stand-by-Modus), mit Bodenrollen und herausziehbarem Auffangbehälter, Überhitzungsschutz nach 30 min Dauerbetrieb Die von der BG gemessenen Feinstaubwerte für diesen Aktenvernichter lagen deutlich unter 10 % des zulässigen Arbeitsplatzgrenzwertes. Made in Germany Gewicht: 22,5 kg, Maße (B x H x T): 39,5 x 70 x 29,5 cm Lieferung direkt ab Werk!	
HTS Sec 26 baugleich: Aktenvernichter HSM Securio B26 428,80 € Aktenvernichter HSM Securio B26 428,80 € Streifenschnitt 5,8 mm, 30 Blatt Schnittart: Streifen 5,8 mm	

Auszüge aus Datenblättern	Anmerkungen für den Angebotsvergleich
Schneidleistung: 30 Blatt 70 g/qm (27 Blatt 80 g/qm) vernichtet auch: Heftklammern, Büroklammern, CDs, DVDs, Kreditkarten Arbeitsbreite: 280 mm Sicherheitsstufe DIN 32757-1: 2 Sicherheitsstufe DIN 66399: P-2, O-2, T-2, E-2 (siehe PDF Datenblatt) Geräuschpegel: 56 dB Auffangvolumen: 55 l Green-Aspekt: energiesparend Garantie: LIFETIME Herstellergarantie auf die Schneidmesser Sonstiges: Start-/Stopp-Automatik, Standby-Funktion mit Leuchtanzeige, Rücklauffunktion, Überhitzungsschutz, aufklappbares Sicherheitselement, welches einen unbeabsichtigten Einzug verhindert, automatischer Stopp bei vollem Auffangbeutel und geöffneter Tür, Energiespar-Management-System EMCS für einen geringen Stromverbrauch im Standby-Modus, mit stabilem Mehrweg-Auffangbeutel, Made in Germany Gewicht: 24,2 kg, Maße (B x H x T): 49,7 x 67,6 x 39,7 cm Lieferung direkt ab Werk!	
Danner Clean 104 baugleich: Aktenvernichter Dahle BaseClass 40104 298,00 € Aktenvernichter Dahle BaseClass 40104 298,00 € Streifenschnitt 3,9 mm, 16 Blatt Schnittart: Streifen 3,9 mm Schneidleistung: 16 Blatt 70 g/qm (13 Blatt 80 g/qm) vernichtet auch: Heftklammern, Büroklammern, Kreditkarten Arbeitsbreite: 220 mm Sicherheitsstufe DIN 32757-1: 2 Sicherheitsstufe DIN 66399: P-2, T-2, E-2 (siehe PDF Datenblatt) Geräuschpegel: 49 dB Auffangvolumen: 30 l Kennzeichen: CE Green-Aspekt: energiesparend Garantie: 35 Jahre Herstellergarantie auf die Schneidmesser Sonstiges: Start-/Stopp-Automatik, automatischer Stopp bei vollem Auffangbehälter und geöffneter Tür, getrennt herausnehmbarer Auffangbehälter für Kreditkarten, Energieeinsparung durch zwei Inaktivitätsstufen: Schlafmodus nach 10 Minuten und komplette Abschaltung nach 30 Minuten, herausziehbarer Auffangbehälter Lieferung: inkl. Bodenrollen, 10 Auffangbeutel Gewicht: 22 kg, Maße (B x H x T): 43 x 62,8 x 34,7 cm Lieferung direkt ab Werk!	
Danner Clean 304 baugleich: Aktenvernichter Dahle CleanTEC 41304 498,00 € Aktenvernichter Dahle CleanTEC 41304 498,00 € Streifenschnitt 3,9 mm, 23 Blatt Schnittart: Streifen 3,9 mm Schneidleistung: 23 Blatt 70 g/qm (18 Blatt 80 g/qm) vernichtet auch: Heftklammern, Büroklammern, CDs, DVDs, Kreditkarten Arbeitsbreite: 240 mm Sicherheitsstufe DIN 32757-1: 2 Sicherheitsstufe DIN 66399: P-2, O-2, T-2, E-2, (siehe PDF Datenblatt) Geräuschpegel: 46 dB Auffangvolumen: 60 l	

Auszüge aus Datenblättern	Anmerkungen für den Angebotsvergleich
Kennzeichen: CE Garantie: 35 Jahre Herstellergarantie auf die Schneidmesser Sonstiges Start-/Stopp-Automatik.Mit CleanTEC-Ausstattung: Innovatives Filtersystem zur Feinstaubreduktion und für mehr Wohlbefinden im Büro, bis zu 98 % aller entstehenden Feinstaubpartikel werden direkt am Entstehungsort im Filter gebunden. Mit SafeTEC-Ausstattung: Akustische Abschaltautomatik – das Mikrofon erkennt den „Hilferuf“ und stoppt sofort, automatische Papiermengenerkennung, automatischer Stopp bei vollem Auffangbeutel und geöffneter Tür, getrennt herausnehmbarer Auffangbehälter für Kreditkarten und CDs/DVDs, Überhitzungsschutz nach 10 min Dauerbetrieb Lieferung inkl. Bodenrollen, 10 Auffangbeutel Gewicht: 40 kg, Maße (B x H x T): 54,6 x 86,9 x 43,5 cm Lieferung direkt ab Werk!	

4.2 Allgemeine Geschäftsbedingungen einbeziehen

Aufgaben Kapitel 4.2, S. 495 f. Aufgabe 1

Allgemeine Geschäftsbedingungen Büro Sander

AGB	Anmerkungen
Vertragsabschluss Es gelten ausschließlich unsere Allgemeinen Geschäftsbedingungen. Abweichende Bedingungen unseres Kunden bedürfen unserer Zustimmung. Unsere Geschäftsbedingungen gelten auch für die gesamten zukünftigen Geschäftsbeziehungen zu unseren Kunden, unabhängig davon, ob bei Abschluss des Einzelvertrags nochmals ausdrücklich auf sie Bezug genommen wird. Maßgeblich ist die jeweils aktuelle Fassung. Sämtliche Angebote von uns sind freibleibend. Ein Vertrag kommt erst zustande, wenn die Bestellung von uns schriftlich bestätigt oder die Lieferung ohne gesonderte Bestätigung ausgeführt wurde. **Preise und Zahlungsbedingungen** Die Preise schließen die jeweilige gesetzliche Umsatzsteuer und Urheberrechtsabgabe nicht ein. Soweit nicht anders vereinbart, sind Rechnungen innerhalb von 30 Tagen nach Erhalt der Ware und der Rechnung netto zahlbar. Wir sind berechtigt, ab der 2. Mahnung jeweils 5,00 € Aufwendungsersatz zu berechnen. Bei Zahlungsverzug eines Kunden beträgt der betreffende Zinssatz 5 % über dem jeweiligen Basiszinssatz. Das Recht von uns, im Fall des Zahlungsverzugs weitergehende Rechte geltend zu machen bleibt hiervon unberührt.	

AGB	Anmerkungen
Entstehen nach Vertragsabschluss ernsthafte oder erhebliche Bedenken gegen die Zahlungsfähigkeit und/oder -bereitschaft, so darf der Verkäufer seine Leistung verweigern, bis die Zahlung erfolgt oder für sie Sicherheit erbracht ist. Gegen unsere Forderungen darf der Kunde nur mit einer unbestrittenen oder rechtskräftig festgestellten Forderung aufrechnen. Bei Inzahlungnahmen von Waren bleibt der Kunde zur Zahlung des verrechneten Betrags verpflichtet, wenn es nicht sein uneingeschränktes Eigentum ist oder Dritte auf diese Ware Ansprüche geltend machen können. **Lieferung** Die von uns genannten Liefertermine sind unverbindlich. Verbindlich vereinbarte Liefertermine oder -fristen bedürfen schriftlicher Vereinbarung. Die Sach- und Preisgefahr geht bereits mit der Übergabe unserer Erzeugnisse an den Frachtführer auf den Kunden über, selbst wenn der Frachtführer von uns ist. Ist der Kunde Verbraucher, geht die Sach- und Preisgefahr erst mit der Lieferung auf den Kunden über. Schadenersatz wegen Fehlversendung bleibt ausgeschlossen. **Untersuchungspflicht/Rechte des Kunden bei Mängeln** Die Beseitigung von Mängeln erfolgt nach unserer Wahl durch Nacherfüllung – auch mehrfach – oder gegen Ersatzlieferung mangelfreier Ware. Ist der Kunde kein Verbraucher, hat er die gelieferten Waren nach Lieferung unverzüglich zu untersuchen und uns dabei erkannte Mängel unverzüglich, spätestens aber binnen einer Woche nach Lieferung, schriftlich anzuzeigen. Mängel, die auch bei sorgfältiger Prüfung nicht entdeckt werden können, sind bei uns unverzüglich nach Entdeckung schriftlich anzuzeigen. Die Verwendung von Ersatzteilen, Verschleißteilen und Verbrauchsmaterial, die nicht den Herstellernormen oder Spezifikationen des Herstellers entsprechen, sowie das Unterlassen von notwendigen bzw. turnusmäßigen Inspektionen und Wartungen durch uns oder einen vom Hersteller autorisierten Fachkraft kann zum Verlust von Gewährleistungsansprüchen führen. Wenn es sich bei unserem Kunden nicht um einen Verbraucher handelt, beträgt die Verjährungsfrist für Ansprüche des Kunden wegen eines Mangels der gelieferten Waren ein Jahr, ist der Kunde Verbraucher, beträgt die betreffende Verjährungsfrist zwei Jahre. Die Verjährungsfrist beginnt mit dem Zeitpunkt der Ablieferung der Ware. Für gebrauchte Waren wird keine Gewährleistung übernommen, es sei denn, der Kunde ist ein Verbraucher, dann beträgt die betreffende Verjährungsfrist ein Jahr. Übernimmt ein Hersteller oder sonstiger Dritter eine eigene Gewährleistung oder Garantie, wird hierdurch unsere Gewährleistungspflicht in keinem Fall erweitert. Hieraus resultierende Ansprüche sind gegenüber dem Hersteller bzw. sonstigen Dritten geltend zu machen. **Haftung** Wegen Verletzung vertraglicher und außervertraglicher Pflichten haften wir – auch für unsere Erfüllungs- und Verrichtungsgehilfen – nur in Fällen des Vorsatzes oder der groben Fahrlässigkeit, und zwar jedenfalls nur bis zur Höhe des Netto-Rechnungsbetrages.	

AGB	Anmerkungen
Eigentumsvorbehalt Wir behalten uns das Eigentum an der gelieferten Ware bis zur Zahlung sämtlicher Forderungen aus den Geschäftsbeziehungen des Kunden oder dessen Firmenverbundes mit uns vor. Der Kunde hat die in unserem Eigentum stehenden Erzeugnisse (Vorbehaltsware) als Verwahrer für uns mit kaufmännischer Sorgfalt zu besitzen. Der Kunde ist verpflichtet, die Vorbehaltsware auf eigene Kosten gegen Feuer-, Wasser- und Diebstahlschäden zum Neuwert zu versichern. Der Kunde tritt seine Ansprüche aus dem jeweiligen Versicherungsvertrag und andere Ansprüche wegen des Untergangs oder der Verschlechterung der Vorbehaltsware bereits jetzt an uns ab. Eine Sicherungsübereignung oder Verpfändung der Vorbehaltsware ist dem Kunden untersagt; eine Veräußerung ist nur im ordentlichen Geschäftsverkehr gestattet. Die Forderungen des Kunden bei Weiterveräußerung der Vorbehaltsware werden jetzt schon an uns abgetreten. Der Kunde ist zur Einziehung der Forderungen aus den Weiterverkäufen zu unseren Gunsten ermächtigt. Wir behalten uns vor, die Einziehung der Forderungen selbst vorzunehmen. Auf unsere Anforderung hin ist der Kunde verpflichtet, die Abtretung gegenüber seinen Kunden offenzulegen, bzw. sind wir berechtigt, dem betroffenen Kunden unseres Kunden die Abtretung offenzulegen. Der Kunde ist verpflichtet, uns die dafür notwendigen Auskünfte und Unterlagen zu geben. Bei vertragswidrigem Verhalten des Kunden, insbesondere Zahlungsverzug, sind wir berechtigt, die Vorbehaltsware auf Kosten des Kunden zurückzunehmen bzw. Abtretung der Herausgabeansprüche des Kunden gegenüber seinem oder seinen Kunden zu verlangen. In der Zurücknahme bzw. in der Pfändung der Vorbehaltsware durch uns liegt kein Rücktritt vom Vertrag vor, wenn es sich nicht um einen Verbraucher handelt. **Sonstige Bestimmungen** Erfüllungsort ist Lüneburg. Ausschließlicher Gerichtsstand ist Lüneburg für den Fall, dass der Kunde kein Verbraucher ist. Die Gültigkeit deutschen Rechts ist vereinbart.	

Allgemeine Geschäftsbedingungen der Büromarkt AG

AGB	Anmerkungen
1. Geltung 1.01. Nachstehende Verkaufs- und Lieferbedingungen gelten nur im Verkehr mit Personen, die bei Abschluss des Vertrages in Ausübung ihrer gewerblichen oder selbstständigen beruflichen Tätigkeit handeln (Unternehmer i. S. von § 14 BGB), juristischen Personen oder öffentlich-rechtlichen Sondervermögen 1:02 Einkaufsbedingungen des Käufers wird widersprochen. **2. Angebot und Abschluss** 2.01. Die in den Katalogen und sonstigen Verkaufsunterlagen sowie – soweit nicht anders gekennzeichnet – im Internet enthaltenen Angebote des Verkäufers sind stets freibleibend, d. h. nur als Aufforderung zur Abgabe eines Angebots zu verstehen.	

AGB	Anmerkungen
2.02. Aufträge gelten als angenommen, wenn sie durch den Verkäufer entweder schriftlich bestätigt oder unverzüglich nach Auftragseingang bzw. termingemäß ausgeführt werden. Dann gilt die Rechnung als Auftragsbestätigung. 2.03. Werden dem Verkäufer nach Vertragsabschluss Tatsachen, insbesondere Zahlungsverzug hinsichtlich früherer Lieferungen bekannt, die nach pflichtgemäßem kaufmännischem Ermessen auf eine wesentliche Vermögensverschlechterung schließen lassen, ist der Verkäufer berechtigt, Vorkasse oder entsprechende Sicherheiten zu verlangen und im Weigerungsfalle vom Vertrag zurückzutreten, wobei die Rechnungen für bereits erfolgte Teillieferungen sofort fällig gestellt werden. **3. Lieferfristen und Verzug** 3.01. Sofern nicht eine schriftliche ausdrücklich als verbindlich bezeichnete Zusage des Verkäufers oder eine mündliche Zusage der Geschäftsleitung bzw. unbeschränkbar bevollmächtigter Personen des Verkäufers vorliegt, gilt eine Lieferfrist nur als annähernd vereinbart. 3.02. Richtige und rechtzeitige Selbstbelieferung ist auf jeden Fall vorbehalten. 3.03. Teillieferungen und Teilleistungen sind in zumutbarem Umfang zulässig. 3.04.1. Die Lieferfrist verlängert sich – auch innerhalb eines Verzuges – angemessen bei Eintritt von höherer Gewalt, Streiks, Aussperrung, Eingriffen nationaler und internationaler Behörden sowie allen unvorhergesehenen, nach Vertragsabschluss eingetretenen Hindernissen, die der Verkäufer nicht zu vertreten hat, soweit solche Hindernisse nachweislich auf die Lieferung der verkauften Produkte von erheblichem Einfluss sind. Dies gilt auch dann, wenn diese Umstände bei den Lieferanten des Verkäufers und deren Unterlieferanten eintreten. Der Käufer kann vom Verkäufer die Erklärung verlangen, ob er zurücktreten oder innerhalb angemessener Frist liefern will. Erklärt sich der Verkäufer nicht, kann der Käufer zurücktreten. Schadenersatzansprüche sind in diesen Fällen ausgeschlossen. Das Recht des Käufers zum Rücktritt nach fruchtlosem Ablauf einer dem Verkäufer gesetzten angemessenen Nachfrist bleibt unberührt. Die vorstehenden Regelungen gelten für den Käufer entsprechend, falls die vorgenannten Hindernisse beim Käufer eintreten. **4. Versand, Gefahrübergang und Verpackung** 4.01. Versandweg und -mittel sind, soweit nicht anders vereinbart, der Wahl des Verkäufers überlassen. Das Gleiche gilt für die Verpackung, die nach transporttechnischen und umweltpolitischen Gesichtspunkten erfolgt. 4.02. Für den Gefahrübergang gelten die gesetzlichen Vorschriften (§ 447 BGB), und zwar unabhängig davon, ob die Versendung vom Erfüllungsort aus erfolgt und wer die Frachtkosten trägt. 4.03 Mehrwegverpackungen sind zu bestimmten, mit dem Verkäufer vereinbarten Zeiten zurückzugeben. 4.04 Unbeschadet der Anwendung der Verpackungsverordnung sind einseitige Rechnungsabzüge für die Entsorgung von Verpackungsmaterial, insbesondere Transportverpackungen, nicht statthaft. **5. Zahlungsbedingungen** 5.01. Die Preise verstehen sich, soweit nicht anders vereinbart, zzgl. Versandkosten und MwSt. Bei Selbstabholung durch den Kunden entstehen keine Versandkosten. Eventuelle Skontizusagen gelten nur für den Fall, dass sich der Käufer mit der Zahlung früherer Lieferungen nicht im Rückstand befindet. 5.02. Die Forderungen des Verkäufers werden sofort fällig, wenn die Zahlungsbedingungen nicht eingehalten und Tatsachen bekannt werden, die auf eine wesentliche Vermögensverschlechterung des Käufers schließen lassen. Im letzteren Falle ist der Verkäufer berechtigt, weitere Lieferungen von einer Vorauszahlung oder der Stellung entsprechender Sicherheiten abhängig zu machen.	

AGB	Anmerkungen
5.03. Gerät der Käufer in Zahlungsverzug, ist der Verkäufer berechtigt, die Ware zurückzunehmen, ggf. den Betrieb des Käufers zu betreten und die Ware wegzunehmen. Der Verkäufer kann außerdem die weitere Veräußerung und Wegschaffung der Ware untersagen. Die Rücknahme ist kein Rücktritt vom Vertrag. 5.04. In den Fällen der Absätze 5.02. und 5.03. kann der Verkäufer die Einzugsermächtigung (Abs. 6.04.) widerrufen und für noch ausstehende Lieferungen Vorauszahlung verlangen. Der Käufer kann jedoch diese sowie die in Abs. 5.03. genannten Rechtsfolgen durch Sicherheitsleistung in Höhe des gefährdeten Zahlungsanspruchs abwenden. 5.05.1. Der Käufer darf nur mit unbestrittenen oder rechtskräftig festgestellten Forderungen aufrechnen; Zurückbehaltungsrechte stehen ihm nur zu, soweit sie auf demselben Vertragsverhältnis beruhen. Im Übrigen darf die Zahlung wegen Mängeln oder sonstiger Beanstandungen nur in einem angemessenen Umfang zurückbehalten werden. Über die Höhe entscheidet im Streitfall ein von der Industrie- und Handelskammer des Käufers benannter Sachverständiger. **6. Eigentumsvorbehalt** 6.01. Die gelieferte Ware bleibt bis zur vollständigen Bezahlung des Kaufpreises und Tilgung aller aus der Geschäftsverbindung bestehenden Forderungen als Vorbehaltsware Eigentum des Verkäufers. Dies gilt auch dann, wenn der Käufer Zahlungen auf von ihm besonders bezeichnete Forderungen leistet. Die Einstellung einzelner Forderungen in eine laufende Rechnung oder die Saldoziehung und deren Anerkennung heben den Eigentumsvorbehalt nicht auf. Wird mit der Bezahlung des Kaufpreises durch den Käufer eine wechselmäßige Haftung durch den Verkäufer begründet, so erlischt der Eigentumsvorbehalt des Verkäufers nicht vor Einlösung des Wechsels durch den Käufer als Bezogenen. 6.02. Der Käufer hat den Verkäufer über eventuelle Zugriffe Dritter auf die Vorbehaltsware und die abgetretenen Forderungen sofort zu unterrichten. Er darf die Vorbehaltsware nur im gewöhnlichen Geschäftsverkehr zu seinen normalen Geschäftsbedingungen und solange er nicht im Verzug ist, veräußern, vorausgesetzt, dass die Forderungen aus der Weiterveräußerung gem. den nachfolgenden Vereinbarungen 6.03. und 6.04. auf den Verkäufer übergehen. Zu anderen Verfügungen über die Vorbehaltsware ist er nicht berechtigt. 6.03. Die Forderungen des Käufers aus der Weiterveräußerung der Vorbehaltsware werden schon jetzt an den Verkäufer abgetreten. Sie dienen in demselben Umfange der Sicherung wie die Vorbehaltsware. Wird die Vorbehaltsware vom Käufer zusammen mit anderen, nicht vom Verkäufer gelieferten Waren veräußert, wird die Forderung aus der Weiterveräußerung im Verhältnis des Rechnungswertes der Ware des Verkäufers zu den anderen verkauften Waren abgetreten. 6.04. Der Käufer ist berechtigt, Forderungen aus der Weiterveräußerung einzuziehen, es sei denn, der Verkäufer widerruft die Einzugsermächtigung in den in Abschnitt 5.04. genannten Fällen. Auf Verlangen des Verkäufers ist er verpflichtet, seine Abnehmer sofort von der Abtretung an diesen zu unterrichten – sofern der Verkäufer dies nicht selbst tut – und ihm die zum Einzug erforderlichen Auskünfte und Unterlagen zu geben. Zur weiteren Abtretung der Forderungen ist der Käufer in keinem Falle berechtigt. 6.05. Der Verkäufer verpflichtet sich, die ihm zustehenden Sicherungen insoweit freizugeben, als ihr Wert die zu sichernden Forderungen, soweit diese noch nicht beglichen sind, um mehr als 20 % übersteigt. Soweit auf den Wert der Vorbehaltsware abgestellt wird, ergibt sich dieser aus dem Rechnungsbetrag (Faktura-Wert) des Verkäufers.	

AGB	Anmerkungen

7. Mängelrüge, Gewährleistung und Haftung

7.01. Für Mängel im Sinne des § 434 BGB haftet der Verkäufer nur wie folgt: Der Käufer hat die empfangene Ware unverzüglich auf Menge und Beschaffenheit zu untersuchen. Offensichtliche Mängel oder Fehlmengen sind spätestens binnen 7 Tagen durch schriftliche Anzeige an den Verkäufer zu rügen. Bei beiderseitigen Handelsgeschäften unter Kaufleuten bleiben die §§ 377, 378 HGB unberührt.

7.02. Stellt der Käufer Mängel der Ware fest, darf er nicht darüber verfügen, d. h. sie darf nicht geteilt, weiterverkauft bzw. weiterverarbeitet werden, bis eine Einigung über die Abwicklung der Reklamation erzielt ist bzw. ein Beweissicherungsverfahren durch einen von der IHK am Sitz des Käufers beauftragten Sachverständigen erfolgte.

7.03. Der Käufer ist verpflichtet, dem Verkäufer die beanstandete Kaufsache oder Muster davon zwecks Prüfung der Beanstandung zur Verfügung zu stellen. Bei schuldhafter Verweigerung entfällt die Gewährleistung.

7.04. Bei berechtigten Beanstandungen ist der Verkäufer berechtigt, unter Berücksichtigung der Art und Schwere des Mangels und der berechtigten Interessen des Käufers die Art der Nacherfüllung (Ersatzlieferung, Nachbesserung) festzulegen. Die gesetzlichen Rechte des Käufers bleiben im Übrigen unberührt. Ersetzte Ware geht in das Eigentum des Verkäufers über.

7.05. Über einen bei einem Verbraucher (§ 13 BGB) eintretenden Gewährleistungsfall hat der Käufer den Verkäufer unverzüglich zu informieren.

7.06. Sachmängelansprüche verjähren in 12 Monaten. Dies gilt nicht, soweit das Gesetz gemäß § 479 Abs. 1 BGB (Rückgriffsanspruch) eine längere Frist vorschreibt.

7.07. Für Schadenersatzansprüche gilt Abschnitt 8 (Allgemeine Haftungsbegrenzung).

8. Allgemeine Haftungsbegrenzung

7.08. Schadens- und Aufwendungsersatzansprüche des Käufers (nachfolgend: Schadenersatzansprüche), gleich aus welchem Rechtsgrund, insbesondere wegen Verletzung von Pflichten aus einem Schuldverhältnis und unerlaubter Handlung, sind ausgeschlossen. Dies gilt nicht in Fällen der Übernahme einer Garantie oder eines Beschaffungsrisikos. Dies gilt ferner nicht, soweit zwingend gehaftet wird, z. B. nach dem Produkthaftungsgesetz, in Fällen groben Verschuldens, wegen der Verletzung des Lebens, des Körpers oder der Gesundheit, sowie der Verletzung wesentlicher Vertragspflichten. Der Schadenersatzanspruch für die Verletzung wesentlicher Vertragspflichten ist jedoch auf den vertragstypischen, vorhersehbaren Schaden begrenzt, soweit kein grobes Verschulden vorliegt oder wegen der Verletzung des Lebens, des Körpers oder der Gesundheit gehaftet wird. Eine Änderung der Beweislast zum Nachteil des Käufers ist damit nicht verbunden.

8.02. Diese Regelung gilt für den Käufer entsprechend.

9. Datenschutz

Der Käufer wird hiermit darüber informiert, dass der Verkäufer die im Rahmen der Geschäftstätigkeit gewonnenen personenbezogenen Daten gemäß den Bestimmungen des Bundesdatenschutzgesetzes verarbeitet.

10. Erfüllungsort, Gerichtsstand, anwendbares Recht

10.01. Für die gesamte Geschäftsbeziehung gilt das in der Bundesrepublik Deutschland geltende Recht unter Ausschluss des UN-Kaufrechts, und zwar auch dann, wenn die Lieferungen direkt von einer mit dem Verkäufer verbundenen ausländischen Lieferfirma erfolgen.

10.02. Erfüllungsort und ausschließlicher Gerichtsstand für alle sich ergebenden Streitigkeiten (einschließlich Scheck- und Wechselklagen) ist, soweit der Käufer Kaufmann, juristische Person des öffentlichen Rechts oder öffentlich-rechtliches Sondervermögen ist, der Hauptsitz des Verkäufers. Dieser ist jedoch berechtigt, den Käufer auch an seinem Sitz zu verklagen.

4.4 Einen quantitativen Angebotsvergleich durchführen

Aufgaben Kapitel 4.4, S. 502, Aufgabe 2

Angebotsvergleich

Artikel	Aktenvernichter/Schredder Danner Clean 306			
Menge	20			
Lieferer	Büro Sander GmbH		Der Büromarkt AG	
Kalkulation	Eingabe €/%	Ausgabe	Eingabe €/%	Ausgabe
Listeneinkaufspreis Stück/gesamt				
– Liefererrabatt				
= Zieleinkaufspreis				
– Liefererskonto				
= Bareinkaufspreis				
+ Bezugskosten				
= Bezugspreis (Einstandspreis)				

Aufgaben Kapitel 4.4, S. 502, Aufgabe 3

Angebotsvergleich

	Computex		ACI		PC-Versand	
Kalkulation	Eingabe %/€	Ausgabe	Eingabe %/€	Ausgabe	Eingabe %/€	Ausgabe
Listeneinkaufspreis						
– Liefererrabatt						
= Zieleinkaufspreis						
– Liefererskonto						
= Bareinkaufspreis						
+ Bezugskosten						
= Bezugspreis						

Aufgaben Kapitel 4.4, S. 502, Aufgabe 4

Angebotsvergleich

	werbetassen.com		mega-print.de		tassen-plus.de	
Kalkulation	Eingabe %/€	Ausgabe	Eingabe %/€	Ausgabe	Eingabe %/€	Ausgabe
Listeneinkaufspreis						
– Liefererrabatt						
= Zieleinkaufspreis						
– Liefererskonto						
= Bareinkaufspreis						
+ Bezugskosten und Sonderkosten						
= Bezugspreis (Einstandspreis)						

4.5 Eine Nutzwertanalyse durchführen

Aufgaben Kapitel 4.5, S. 505, Aufgabe 4

Quantitativer und qualitativer Angebotsvergleich

Artikel	Aktenvernichter/Schredder Danner Clean 306			
Menge	20			
Lieferer	Büro Sander GmbH		Der Büromarkt AG	
Kalkulation	Eingabe €/%	Ausgabe	Eingabe €/%	Ausgabe
Listeneinkaufspreis				
– Liefererrabatt				
= Zieleinkaufspreis				
– Liefererskonto				
= Bareinkaufspreis				
+ Bezugskosten und Sonderkosten				
= Bezugspreis (Einstandspreis)				

Bewertung: quantitativer/qualitativer Vergleich (Nutzwertanalyse)

Entscheidungskriterien	Gewichtung in %	Punkte	Gewichtete Punkte	Punkte	Gewichtete Punkte
Preis	40				
Produktqualität	30				
Kompetenz	15				
Bisherige Zusammenarbeit	15				
Summe	100				

Aufgaben Kapitel 4.5, S. 505, Aufgabe 5

Quantitativer und qualitativer Angebotsvergleich

	Computex		ACI		PC-Versand	
Kalkulation	**Eingabe %/€**	**Ausgabe**	**Eingabe %/€**	**Ausgabe**	**Eingabe %/€**	**Ausgabe**
Listeneinkaufspreis						
– Liefererrabatt						
= Zieleinkaufspreis						
– Liefererskonto						
= Bareinkaufspreis						
+ Bezugskosten und Sonderkosten						
= Bezugspreis (Einstandspreis)						

Bewertung: quantitativer/qualitativer Vergleich

Entscheidungskriterien	Gewichtung in %	Punkte	Gewichtete Punkte	Punkte	Gewichtete Punkte	Punkte	Gewichtete Punkte
Preis	40						
Produktqualität	10						
Kompetenz	10						
Verhalten bei Reklamationen	15						
Service u. Support	10						
Bisherige Zusammenarbeit	15						
Summe	100						

Aufgaben Kapitel 4.5, S. 506, Aufgabe 6

Quantitativer und qualitativer Angebotsvergleich

	werbetassen.com		mega-print.de		tassen-plus.de	
Kalkulation	Eingabe %/€	Ausgabe	Eingabe %/€	Ausgabe	Eingabe %/€	Ausgabe
Listeneinkaufspreis						
– Liefererrabatt						
= Zieleinkaufspreis						
– Liefererskonto						
= Bareinkaufspreis						
+ Bezugskosten und Sonderkosten						
= Bezugspreis (Einstandspreis)						

Bewertung: quantitativer/qualitativer Vergleich

Entscheidungskriterien	Gewichtung in %	Punkte	Gewichtete Punkte	Punkte	Gewichtete Punkte	Punkte	Gewichtete Punkte
Preis	40						
Produktqualität	20						
Kompetenz	20						
Verhalten bei Reklamationen	10						
Service u. Support	5						
Bisherige Zusammenarbeit	5						
Summe	100						

Anmerkungen:

5 Wir bestellen Sachgüter und Dienstleistungen

5.1 Die Bearbeitung der Lernsituation planen

Aufgabe Kapitel 5.1, S. 508, Aufgabe

Rechtliche Klärungen der Beschaffungsfälle

Nr.	Beschaffungsfälle aus Kapitel 3.1	**Rechtliche Klärung:** Vertragsarten, wer darf Rechtsgeschäfte tätigen, Form, Kauf nach, vor oder auf Probe, Besondere Zahlungsweise **etc.**
1	Standardlaserdrucker für 4 Arbeitsplätze	
2	2.000 Kugelschreiber mit Palm-Logo, Lieferung am 12.10.20..	
3	Kopierpapier Standard, Jahresverbrauch 300 Pakete à 500 Blatt	
4	Blumensträuße für Mitarbeiter und Geschäftspartner, ca. 300 im Jahr, möglichst Rahmenvertrag	
5	Getränke (Kaffee, Wasser etc.) und Konferenzgebäck, Jahresbedarf noch unklar, möglichst wöchentl. Belieferung und Rahmenvertrag	
6	Unterhaltsreinigung (tägliche gewöhnliche Reinigung) für ca. 500 m² Büroräume	
7	Lieferung mit Anbau/Installation von Standard-Feuerlöschern in 20 Räumen	
8	Herstellung von Visitenkarten für ca. 80 Mitarbeiter im Jahr mit Palm-Logo, möglichst Rahmenvertrag	
9	Erstellung eines vierfarbigen Flyers nach Vorgabe, mit Bildern, Termin eine Woche vor Orgatec.	
10	Abtrennung eines Zusatzraumes für Kopierer und Büromaterial, in Trockenbauweise	
11	Büroservice Adresserfassung von ca. 5.000 Messebesuchercoupons	
12	Mieten einer Kehrmaschine zum Fegen und Schneeräumen, Jahresvertrag incl. Wartung	

5.6 Bestellungen erstellen

Aufgaben Kapitel 5.6, S. 522, Zusatzaufgabe

Geben Sie von jedem Feld ein Beispiel an, dass hier eingefügt oder angezeigt werden sollte. Erläutern Sie die zusätzlich möglichen Funktionen.

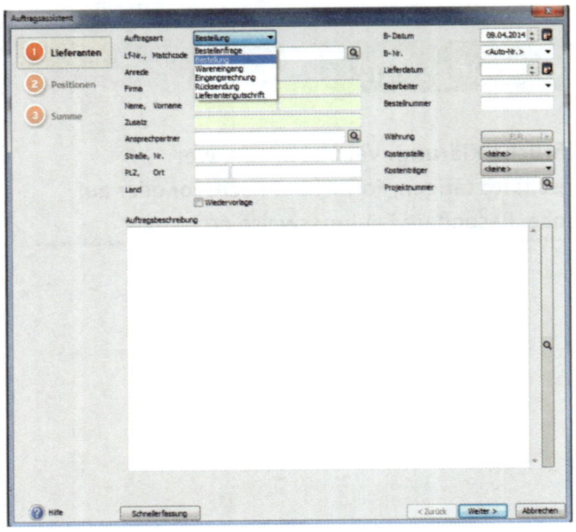

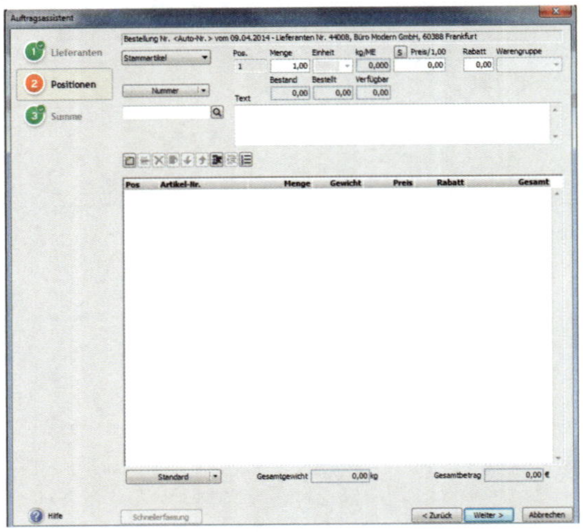

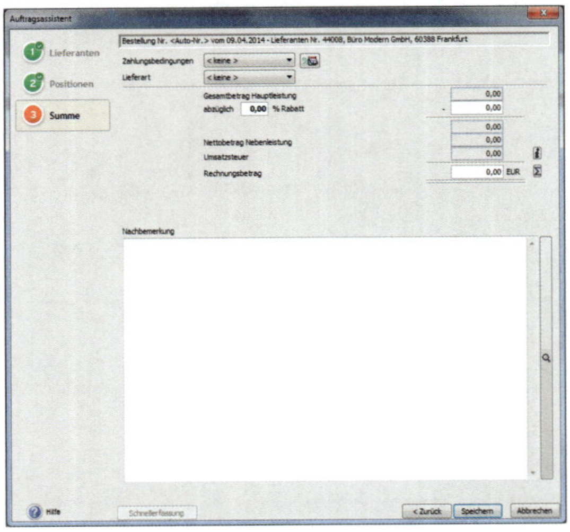

Aufgaben Kapitel 5.6, S. 523, Aufgabe 3

Bestellung der Palm KG

Palm

Palm KG · Am Palmberg 95 · 23923 Schönberg

Büro Modern GmbH
Herrn Finke
Flintstraße 2
60388 Frankfurt

Lief.-Nr.:	44008
Bearbeiter:	Frau Ziegler
Bestellnr.	4099
Projekt-Nr.	101
Steuernr.:	555 555 5555
USt-IDNr.:	DE333333333
Lieferdatum:	02.05.20..
Datum:	27.04.20..

Bestellung Nr. 104

Eil-Bestellung: Wir bitten Sie, diese Bestellung fristgemäß zu erledigen, da ihr ein Terminauftrag mit Fristsetzung zugrunde liegt.

Sollten Sie Fragen haben, nehmen Sie bitte umgehend mit der Bearbeiterin bzw. dem Bearbeiter Kontakt auf. Bitte beachten Sie unsere Einkaufsrichtlinien, die wir Ihnen mit unserer Anfrage bereits zugesandt haben und die Sie anerkannt haben.

Pos	Menge		Text	Einzel-preis EUR	Gesamt-preis EUR
1	8,00	Stück	Lederschreibtischsessel Federkrafteinstellung, Wippmechanik, Sitzhöhenverstellung, bis 120 kg, feste Armlehne, hochwertiges Kunstleder	112,00	851,20
2	1,00	Stück	Bürodrehstuhl Wippmechanik, Stahlfußkreuz verchromt, Designarmlehne, Bezugsstoff Echtleder/Netz, bis 4 Stunden täglich	89,80	89,80
Gesamtbetrag netto					941,00
zzgl. 19,00 % USt. auf				941,00	178,79
Gesamtbetrag					**1.119,79**

Zahlbar innerhalb von 30 Tagen ohne Abzug.

Lieferung frei Haus

Lieferung an das Hauptlager Schönberg. Bitte verwenden Sie möglichst wiederverwendbare Verpackungen. Wir geben die Verpackungen sofort bei Lieferung oder spätestens bei der nächsten Lieferung zurück.

Bankverbindung: Spk Mecklenburg-Nordwest
BLZ 140 510 00
Kto-Nr. 11 999 111
IBAN DE09 1405 1000 0011 9991 11
BIC NOLADE21WIS

Inhaberin: Hannah Palm
Modellunternehmen für den Unterricht an BBS

Amtsgericht Wismar
HRA 3199

Anschrift Finanzamt: Wismar, Philosophenweg 1, 23970 Wismar
Bankverbindung Finanzamt: BBk Rostock, BLZ 130 000 00, Kto.-Nr. 14 001 516

Anmerkungen: ______________________________

6 Wir nehmen Waren an sowie Dienstleistungen ab und lagern Waren

6.2 Waren annehmen und lagern

Aufgabe Kapitel 6.2, S. 530, Aufgabe 3

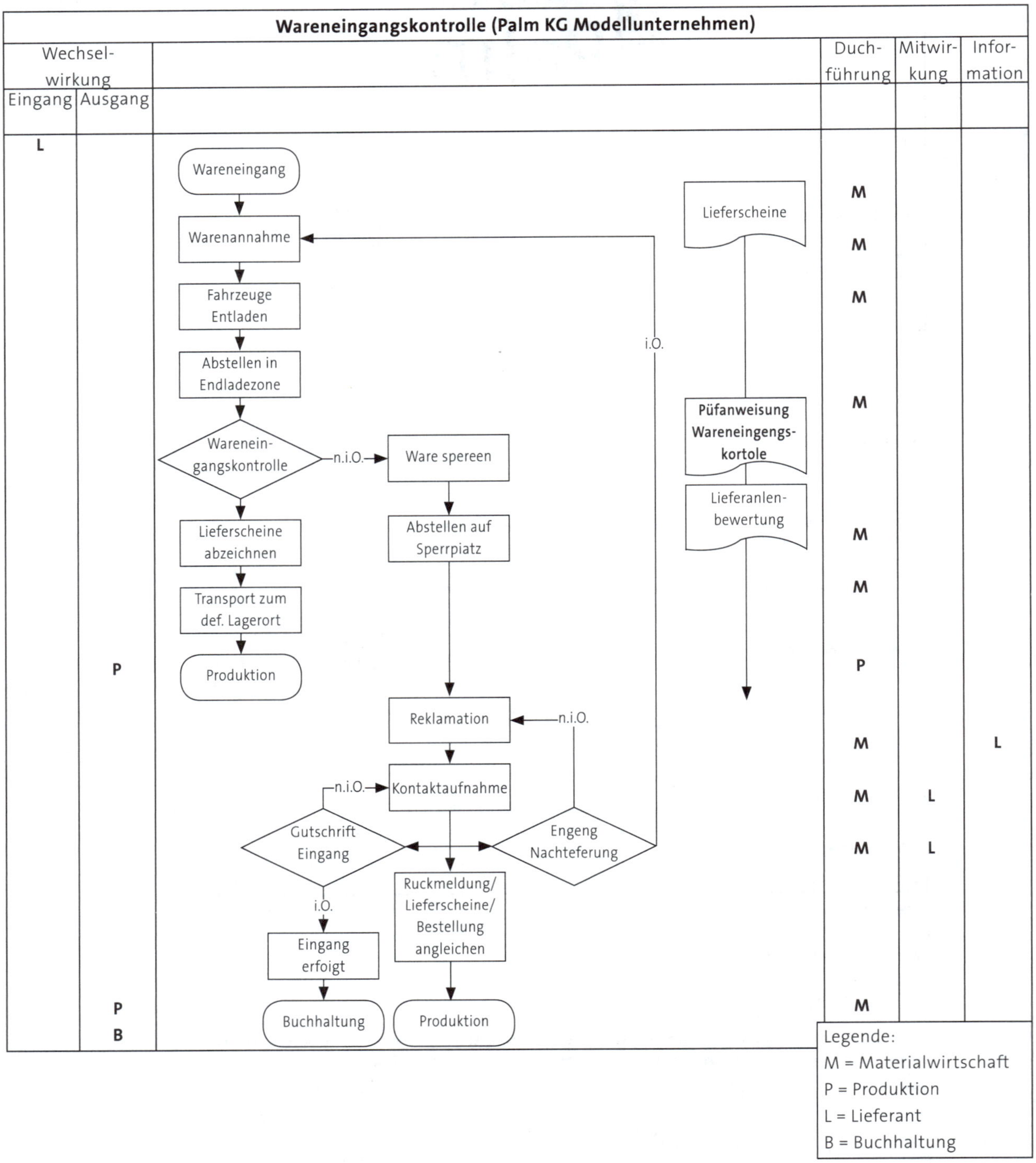

Beschreibung der Wareneingangskontrolle bei der Palm KG:

Aufgaben Kapitel 6.2, S. 535, Aufgabe 5

Palm Lagerkennzahlen Warenlager im Vergleich

Kennzahlen	2013	2014	Veränderung	2015	Veränderung	2016	Veränderung
	31. Dez	31. Dez	in %	31. Dez	in %	31. Dez	in %
Durchschn. Lagerbestand							
Wareneinsatz (Lagerware							
Lagerkosten inkl. Schwund							
Lagerumschlaghäufigkeit							
Lagerdauer							
Lagerkostensatz							
Lagerzinssatz							
Lagerzinsen							

6.3 Dienstleistungen prüfen und abnehmen

Aufgaben Kapitel 6.3, S. 540, Aufgabe 2

Dienstleistungsübersicht der ASL GmbH

Dienstleistungen	Geben Sie Beispiele für Ihrer Meinung nach leichte Mängel (LM) und erhebliche Mängel (EM) an.
Grundreinigung der Räume Dieses umfasst die Reinigung und Pflege von Bodenbelägen, Wänden und Decken, Heizkörpern, sanitären Anlagen sowie Gegenständen der Raumausstattung je nach Kundenwunsch. ***Zusätzlich anfallende Arbeiten*** • Fußbodenbelag nach Vorgabe staubsaugen, kehren, feucht wischen, nass wischen bis hin zur Entfernung kleinerer Flecken, anhaftende Verschmutzungen behandeln und ggf. Teppich shampoonieren • Fenster und Fensterbänke putzen • Fußabtreter, Fußmatten ausklopfen • Gardinen und Vorhänge abnehmen, waschen und aufhängen • Balkon inkl. Geländer reinigen • Wäsche waschen – bügeln • Schuhe putzen	

Dienstleistungen	Geben Sie Beispiele für Ihrer Meinung nach leichte Mängel (LM) und erhebliche Mängel (EM) an.
• Pflanzen gießen, Tiere füttern • Papierkörbe leeren, Mülltrennung und -entsorgung • Tische und Stühle feucht abwischen • Beleuchtungen und Türen reinigen • Spülmaschinen ein- und ausräumen ***Besondere Aktionen*** • Hilfe beim Umzug – Kartons packen, alte Räume besenrein übergeben, neue Räume reinigen • Unterstützung bei Renovierungsarbeiten – Grundreinigung • Saubermachen auch am Tag „danach" (Veranstaltungen ...) ***Gründliche Treppenhausreinigung*** • Treppenhaus kehren, wischen • Reinigung des Stiegengeländers und der Beleuchtungskörper ***Unterstützungen im Alltag*** • Hilfestellungen für den Betrieb: Einkäufe, Behördengänge oder Kinderbetreuung – Babysitterdienst, Tierbetreuung • Haushütung (im Urlaub oder auf Geschäftsreise: Briefkastenleerung, Blumen gießen, „nach dem Rechten" schauen) • Gartenhilfen, Winterdienst	

7 Wir bearbeiten Schlechtleistungen

7.2 Mängelarten feststellen

Aufgaben Kapitel 7.2, Zusatzaufgabe

Finden Sie Beispiele für Mängel:

Rechte lt. BGB	Beispiele für Mängel nach der Kopfstandmethode
§ 434 Sachmangel (1) Die Sache ist frei von Sachmängeln, wenn sie bei Gefahrübergang **die vereinbarte Beschaffenheit** hat. Soweit die Beschaffenheit nicht vereinbart ist, ist die Sache frei von Sachmängeln, 1. wenn sie sich für die nach dem Vertrag **vorausgesetzte Verwendung eignet**, sonst 2. wenn sie sich für die **gewöhnliche Verwendung** eignet und eine **Beschaffenheit** aufweist, die bei Sachen der **gleichen Art üblich** ist und die der Käufer **nach der Art der Sache erwarten kann**.	

Rechte lt. BGB	**Beispiele für Mängel nach der Kopfstandmethode**
Zu der Beschaffenheit nach Satz 2 Nr. 2 gehören auch Eigenschaften, die der Käufer nach den **öffentlichen Äußerungen des Verkäufers**, **des Herstellers** (§ 4 Abs. 1 und 2 des Produkthaftungsgesetzes) oder **seines Gehilfen insbesondere in der Werbung** oder **bei der Kennzeichnung über bestimmte Eigenschaften der Sache** erwarten kann, es sei denn, dass der Verkäufer die Äußerung nicht kannte und auch nicht kennen musste, dass sie im Zeitpunkt des Vertragsschlusses in gleichwertiger Weise berichtigt war oder dass sie die Kaufentscheidung nicht beeinflussen konnte. (2) Ein Sachmangel ist auch dann gegeben, wenn die **vereinbarte Montage** durch den Verkäufer oder dessen Erfüllungsgehilfen **unsachgemäß** durchgeführt worden ist. Ein Sachmangel liegt bei einer zur Montage bestimmten Sache ferner vor, wenn die **Montageanleitung mangelhaft** ist, es sei denn, die Sache ist fehlerfrei montiert worden. (3) Einem Sachmangel steht es gleich, wenn der Verkäufer eine **andere Sache** oder eine zu **geringe Menge** liefert.	
§ 435 Rechtsmangel Die Sache ist frei von Rechtsmängeln, wenn Dritte in Bezug auf die Sache **keine oder nur die im Kaufvertrag übernommenen Rechte gegen den Käufer geltend machen** können. Einem Rechtsmangel steht es gleich, wenn im Grundbuch ein **Recht eingetragen ist, das nicht besteht.**	

7.3 Untersuchungs- und Rügepflicht beachten

Aufgaben Kapitel 7.3, S. 551, Aufgabe 4

Vorlage Mängelanzeige

Mängelanzeige Palm

Nr. Lieferdatum: Prüfdatum:

Lieferant:

Bestell-/Rechnungs-Nr. Vgl. Anlage: [ ]

Frachtführer:

Prüfergebnis:

Verpackungsschaden:

Artmangel/Fehllieferung:

Quantitätsmangel/Falsche Menge:

Qualitätsmangel:

Sonstiges:

Entscheidung:

Name/Unterschrift:

Anmerkungen: ______

8 Wir bearbeiten eine Nicht-rechtzeitig-Lieferung

8.4 Einen Ablaufplan zur Bearbeitung der Nicht-rechtzeitig-Lieferung erstellen

Aufgaben Kapitel 8.5, S. 571, Aufgabe 1

Vorlage Ablaufplan

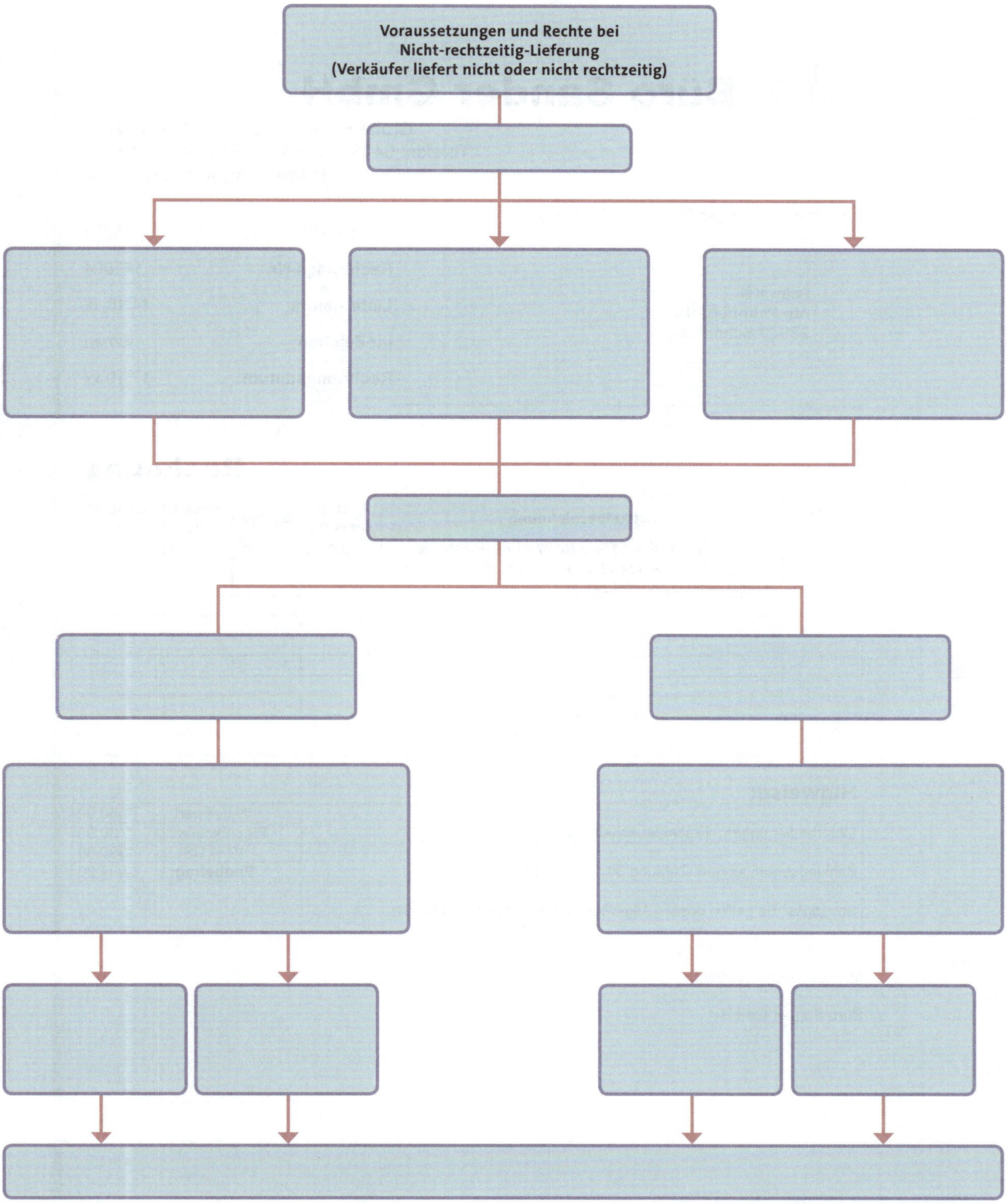

9 Wir prüfen und begleichen Rechnungen

9.2 Eine sachliche und rechnerische Überprüfung durchführen

Aufgaben Kapitel 9.2, S. 575, Aufgabe 4

1. Vergleichen Sie die Rechnung mit den Angaben im Angebot (Schulbuch S. 453) und listen Sie unten evtl. Fehler auf.

QUALITY OFFICE

Büro Sander GmbH

Große Bäckerstr. 27 • 21335 Lüneburg
Telefon: 04131 12345-0 · Fax: 04131 467111
E-Mail: info@buerosander.de

Büro Sander · Große Bäcker Straße 27 · 21335 Lüneburg

Palm KG
Am Palmberg 95
23923 Schönberg

Kunden-Nr.:	5004
Rechnungs-Nr.:	163004
Lieferdatum:	14.10.xx
Ihr Zeichen:	Azhari
Rechnungsdatum:	17.10.xx

Rechnung

Artikel-Nr.	Artikelbezeichnung	Einzelpreis (€)	Menge	Rabatt (%)	Gesamt (€)
5001	Danner Clean 306, max. 27 Blatt, S2, 47 dB, 60 l Behälter, 35 Jahre Garantie, akustische Abschaltautomatik, 98 % Feinstaubbindung, SafeTEC-Ausstattung	350,00	20	5	7.350,00

Hinweise:

	Warenwert:	7.350,00
Lieferbedingungen: Frachtpauschale 30,00 €	Frachtkosten:	30,00
	19 % USt.:	1390,80
Zahlungsbedingungen: Zahlung 30 Tage netto	**Endbetrag:**	5,989,20
Sonstiges: Es gelten unsere Allgemeinen Geschäftsbedingungen		

Mit freundlichen Grüßen

Büro Sander GmbH

Sachliche und rechnerische Überprüfung:

2. Überprüfen Sie die Rechnung auf sachliche und rechnerische Richtigkeit

Rechnung für Ihre Mietwagenbuchung Nr. 5020286

Sehr geehrter Herr Schröder,

vielen Dank für die Buchung Ihres Mietwagens über www.auto42.de.

Anbei senden wir Ihnen die **Rechnung zu Ihrer Mietwagenbuchung Nr. 5020286** in München vom 10.04.20xx bis zum 17.04.20xx.

Ihren Reisegutschein erhalten Sie in den nächsten Tagen in einer separaten Mail. Den Gutschein benötigen Sie für die Abholung Ihres Mietwagens

Bitte informieren Sie uns, falls Sie den Gutschein vor Ihrer Abreise noch nicht erhalten haben sollten. Bitte überprüfen Sie ggf. auch den „Spam-Ordner" in Ihrem E-Mail System.

Wir sind für Sie da!

Unsere Kundenberater helfen Ihnen bei Fragen gerne weiter.

Telefon	0800 - 555 444 (kostenlos) +49-89-123 456 78 (aus dem Ausland)
E-Mail	info@mietwagen.auto42.de
Öffnungszeiten	Montag bis Sonntag und Feiertags 08:00–19:00 Uhr

Mit freundlichen Grüßen

Ihr AUTO42 Mietwagen-Team

Buchungsnr.	**5020304**	Version 2
Kunde	**Herr L. Schroeder**	
Buch.-Datum	**16.02.20..**	
Station	**Rom**	
Mietdaten	**10.05.xx/17.05.xx /7 Tage**	
Fahrzeug	**BB - Opel Corsa /AC/4dr**	
Preispaket	**All-in/FF**	
Unsere Ust-IdNr..	**DE129274831**	

Rechnung Nr. 5020286/Datum 16.02.20xx
Wir vermitteln Ihnen namens und für Rechnung von Rentacar den oben genannten Mietwagen.

BB - Opel Corsa /AC/4dr oder ähnlich	EUR
Ihr Rechnungsbetrag	**155,00**
Ihr Rechnungsbetrag	155,00
Summe Zahlungseingang	0,00
offener Posten	**155,00**

Der offene Posten ist am 27.03.20xx zur Zahlung fällig.
Der Einzug erfolgt gemäß Vereinbarung von Kreditkarten-Nummer ******1234.

Lovely Cars GmbH
Paul-Gerhardt-Straße 742, 81243 München
Geschäftsführer:
Heinz Meyer, Sigrid Schmidt
AG München: HRB-123456

Bankverbindungen:
HypoVereinsbank
DE12 1234 5678 9101 1121 34
HYVEDEMM

Kontaktmöglichkeiten:
Email: info@lovelycars.de
Internet: www.lovelycars.de
Tel.-Nr. +49 (89) 12 34 56 78
Fax.-Nr.+49 (89) 12 34 56 99

Sachliche und rechnerische Überprüfung:

3. Überprüfen Sie die Rechnung auf sachliche und rechnerische Richtigkeit.

Elektro Hartmann

Hartmann

E-Hartmann · Lübecker Str. 22 · 23923 Schönberg

Palm
Am Palmberg 95
23923 Schönberg

Rechnung Nr.: 3789
Rechnungsdatum: 23.11.20..
Kundennr. 201
Auftragsnr.: 4447
Bearbeiter: Tim Hartmann
Telefon: +49 (0)38828 2122-0
Fax: +49 (0)38828 2122-5
E-Mail: info@ehartmann.de.

Rechnung

Pos	Text	Einzel-preis EUR	Menge	Gesamt-preis EUR
	Brumberg Halogen-Einbauleuchten 2117/07 Guss weiß mit Leuchtmittel 35 W Alu und elektrischem Trafo einbauen, alte Lampen entsorgen			1.976,00
1	Leuchten	34,20	6	992,00
2	Monteurstunden	43,80	6	673,50
3	anteilige Fahrzeugkosten	6,00	1	321,75
			Nettosumme	479,40
			zuzüglich 19,00 % MWST	91,09
			Rechnungsbetrag	570,49

Wir danken für Ihren Auftrag!

Anlage:
Kopie Arbeitszettel

Elektro Hartmann GmbH ▲ Geschäftsführer: Klaus Hartmann
Handelsregister-Nr.: Amtsgericht Schwerin HRB 799, USt-IdNr.: DE 135074115
Bankverbindung: Postbank Wismar, IBAN DE82 2001 0020 0280 2102 08

Elektro Hartmann

Durchschlag für den Kunden

Arbeitszettel

Kunde: Palm KG
Anschrift: Am Palmberg 95, 23923 Schönberg
Leistungsort: dto.
Ansprechpartner: *Herr Kramer*
Auftrags-Nr.: *4407*
Leistungsdatum: *21.11.20..*

Pos.	Leistungen	Einheiten
1	*Brumberg Halogen-Einbauleuchten 2117/07 Guss weiß mit Leuchtmittel 35w Alu und elektrischem Trafo*	*6*
2	*Liefern und montieren incl. Deckenausschnitte herstellen, alte Lampen entsorgen.* *Monteurstunden Gesellen* *Monteurstunden Auszubildende*	 *3* *3*
3	*Anfahrtpauschale, unter 10 km*	*1*

Sonstiges:

J. Gerhardi	*Kramer*
Unterschrift Monteur	Unterschrift Kunde

Elektro Hartmann GmbH, Geschäftsführer: Klaus Hartmann
Lübecker Str. 22 • 23923 Schönberg, Telefon: +49 (0)38828 – 21220
Fax: +49 (0)38828 – 2122-5 , E-Mail: info@ehartmann.de

Sachliche und rechnerische Überprüfung:

9.3 Die Zahlungsart festlegen und zahlen

Aufgaben Kapitel 9.3, S. 583, Aufgabe 2, und S. 584, Aufgabe 2

Kontrollieren Sie die angegebenen Skontobeträge und ermitteln Sie die restlichen Skontobeiträge.

Zahlungsverkehr: Offene-Posten-Verwaltung

Palm

Kontoauszug: 1 Datum: 31.01.20..

Abteilung Rechnungswesen Gruppe: Kreditoren-Verwaltung

Beleg.-Nr.	Lieferer-Nummer	Rechnungsdatum	Rechnungsbetrag	Ziel Tage	Skonto Prozent	Skonto Tage	Skonto in €	R-Betrag abzgl. Skonto	Fälligkeit netto	Fälligkeit Skonto	Zahlung mit Skonto - 2 T	erledigt j/n
5001	k44005	02.01.20..	840,90	30	3 %	7	25,23	815,67	30.01.20..	07.01.20..	07.01.20..	
5002	k44003	03.01.20..	1.215,30	30	3 %	7	36,46	1.178,84	31.01.20..	08.01.20..	08.01.20..	
5003	k44008	04.01.20..	890,70	30	3 %	8	26,72	863,98	01.02.20..	10.01.20..	10.01.20..	
5004	k44009	04.01.20..	4.520,50	30	3 %	7						
5005	k44010	05.01.20..	1.500,00	30	3 %	7						
5006	k44008	05.01.20..	12.360,00	30	3 %	8						
5007	k44001	10.01.20..	3.400,80	30	2 %	7						
5008	k44008	12.01.20..	2.920,00	30	3 %	8						
5009	k44003	13.01.20..	350,70	30	3 %	7						
5010	k44011	16.01.20..	3.970,10	30	3 %	7						
5011	k44008	17.01.20..	4.100,90	30	3 %	8						
5012	k44002	19.01.20..	3.250,45	30	3 %	7						
5013	k44004	24.01.20..	1.800,00	30	3 %	7						
5014	k44007	25.01.20..	8.415,00	30	2 %	7						
5015	k44008	27.01.20..	980,00	30	3 %	8						
5016	k44005	30.01.20..	5.550,50	30	3 %	7						

Aufgaben Kapitel 9.3, S. 584, Aufgabe 3

Füllen Sie die Überweisungsträger zur Begleichung der vorstehenden Rechnungen Büro Sander GmbH und Elektro Hartmann aus.

€uro-Überweisung XXXXXXXX XXX

Für Überweisungen in Deutschland und in andere EU-/EWR-Staaten in Euro.
Bitte Meldepflicht gemäß Außenwirtschaftsverordnung beachten!

Kreditinstitut
Überall

Angaben zum Zahlungsempfänger: Name, Vorname/Firma (max. 27 Stellen, bei maschineller Beschriftung max. 35 Stellen)

IBAN

BIC des Kreditinstituts/Zahlungsdienstleisters (8 oder 11 Stellen)

Betrag: Euro, Cent

Kunden-Referenznummer - Verwendungszweck, ggf. Name und Anschrift des Zahlers - (nur für Zahlungsempfänger)

noch Verwendungszweck (insgesamt max. 2 Zeilen à 27 Stellen, bei maschineller Beschriftung max. 2 Zeilen à 35 Stellen)

Angaben zum Kontoinhaber: Name, Vorname/Firma, Ort (max. 27 Stellen, keine Straßen- oder Postfachangaben)

IBAN
D E 16

SEPA

Datum

Unterschrift(en)

€uro-Überweisung XXXXXXXX XXX

Für Überweisungen in Deutschland und in andere EU-/EWR-Staaten in Euro.
Bitte Meldepflicht gemäß Außenwirtschaftsverordnung beachten!

Kreditinstitut
Überall

Angaben zum Zahlungsempfänger: Name, Vorname/Firma (max. 27 Stellen, bei maschineller Beschriftung max. 35 Stellen)

IBAN

BIC des Kreditinstituts/Zahlungsdienstleisters (8 oder 11 Stellen)

Betrag: Euro, Cent

Kunden-Referenznummer - Verwendungszweck, ggf. Name und Anschrift des Zahlers - (nur für Zahlungsempfänger)

noch Verwendungszweck (insgesamt max. 2 Zeilen à 27 Stellen, bei maschineller Beschriftung max. 2 Zeilen à 35 Stellen)

Angaben zum Kontoinhaber: Name, Vorname/Firma, Ort (max. 27 Stellen, keine Straßen- oder Postfachangaben)

IBAN
D E 16

SEPA

Datum

Unterschrift(en)

Aufgaben Kapitel 9.3, S. 584, Aufgabe 4

Sie sollen die Quittungen Nr. 214 und 215 erstellen für

a) Verkauf eines gebrauchten LCD-Monitors für 80,00 € zzgl. 19 % USt. an Jan Gerhardi

b) Auszahlung von Reisekosten für die Bewerberin Karla Manzke in Höhe von 45,80 € (ohne USt.).

Quittung

	Netto EUR
	+ 19 % MwSt./EUR
Nr.	Gesamt EUR
EUR in Worten	
von	
für	
	dankend erhalten.
Ort-Datum	
Buchungsvermerke	Stempel-Unterschrift des Empfängers

Quittung

	Netto EUR
	+ 19 % MwSt./EUR
Nr.	Gesamt EUR
EUR in Worten	
von	
für	
	dankend erhalten.
Ort-Datum	
Buchungsvermerke	Stempel-Unterschrift des Empfängers